차 근 차 근

SGIS 플러스 활용 실습

차 근 차 근
SGIS 플러스
활용 실습

ⓒ 조민수, 2023

초판 1쇄 발행 2023년 2월 22일

지은이   조민수
기획   김춘지
펴낸이   이기봉
편집   좋은땅 편집팀
펴낸곳   도서출판 좋은땅
주소   서울특별시 마포구 양화로12길 26 지월드빌딩 (서교동 395-7)
전화   02)374-8616~7
팩스   02)374-8614
이메일   gworldbook@naver.com
홈페이지 www.g-world.co.kr

ISBN   979-11-388-1662-5 (93000)

통계 정보와
지리 정보의
융합

차 근 차 근

SGIS 플러스 활용 실습

조민수 지음 | 김춘지 기획

Statistical

Data? >> Decision

Cloud

System

Service

Geographic

GIS

Database

Information

좋은땅

서문

　2022년 12월 2일, 통계청이 주관한 '제4회 SGIS(통계지리정보서비스) 활용우수 사례 공모전'의 최종 발표 현장에서 심사위원 중 한 분으로부터 '언제 처음으로 SGIS를 알게 되었느냐?'라는 질문을 받았다. 내가 처음 'SGIS'와 SGIS를 제공하는 플랫폼 'SGIS 플러스'를 알게 된 것은 KISTI(한국과학기술정보연구원) 과학데이터교육센터의 요청으로 '기상기후 빅데이터 분석' 강의를 준비하던 2019년 가을이다. 6개월간의 빅데이터 분석 전문가 과정 수강생을 대상으로 하는 강의였는데, 수강생 중에서 기상기후 전공자는 한 명도 없었고, 이공계가 아닌 수강생도 있었다. 이들에게 이론보다는 실습강의를 통해 기상기후 데이터를 쉽게 활용하는 방법을 알려 주고 싶었다. 그래서 공개된 기상기후 데이터를 수집하는 방법과 지리정보와 함께 분석하는 방법을 알려 주는 것으로 강의 목표를 정했다.

　2015년부터 과제수행을 위해 ArcGIS를 사용하고 있었기 때문에 강의교재도 처음에는 ArcGIS를 이용하는 방법을 소개하는 것으로 시작했다. 그런데 ArcGIS는 좋은 기능이 많은 GIS 플랫폼이기는 하지만 사용료가 비싸서 누구나 쉽게 이용할 수는 없다는 단점이 있다. 그래서 QGIS와 같은 무료 GIS 플랫폼을 찾는 과정에서 우연히 우리나라 통계청에서 무료로 제공하는 GIS 플랫폼인 **SGIS 플러스**를 발견했다. SGIS 플러스는 통계정보와 지리정보를 통합한 서비스를 무료로 제공하고, 나의 데이터도 플랫폼을 이용하여 분석할 수 있는 기능도 제공하고 있다는 점이 마음에 들었다.

　처음, SGIS 플러스에서 SGIS 사용법을 익힐 수 있는 튜토리얼을 찾기까지는 시간이 걸렸지만, 초보자가 이해하기 쉽게 잘 만들어진 튜토리얼 과정을 통해서 사용법은 쉽게 습득할 수 있었고, 2020년 1월 강의에도 활용할 수 있었다. 그 당시 강의에는 빅데이터 분석 전문가 과정 수강생 이외에 공무원 두 분이 참가 중이었는데, 유료인 ArcGIS보다도 무료인 SGIS에 대한 만족도가 높았다.

정부부처에서 만들어서 제공한다는 점, 무료로 사용할 수 있다는 점, 현업에 바로 활용할 수 있다는 점, 우리나라 공공데이터와 국가 통계자료를 함께 이용할 수 있다는 점 등을 장점으로 평가했다.

SGIS를 알게 된 이후, 기회가 있을 때마다 주변에 SGIS를 소개하고 SGIS 활용 경진대회에도 참여를 권유했다. 그동안 내가 직접 참여한다는 생각은 하지 못했는데, 제4회 공모전 포스터를 보고 나서, 2020년에 강의하면서 파워포인트 슬라이드로만 작성되어 있는 교재에 설명을 추가해서 책으로 만들고 강의를 개설한다면 그것도 SGIS 활용 사례가 되지 않을까?라는 생각을 하게 되었다. 처음에는 이전의 강의교재를 이용하면 될 것으로 생각하여 쉽게 생각했지만, 지난 3년간 바뀐 내용들을 반영해야 하여 실제로는 모든 것을 처음부터 다시 작성해야 했다. 다행히 2022년 10월에 두 번의 3일 연휴가 있었던 덕분에, 이 책의 초안을 완성할 수 있었고, 2023년 KISTI 과학데이터센터 정규 강의에도 포함시킬 수 있었다. 자체 강의 교재로만 사용하려던 것을 출판까지 결심하는 과정에서 고민이 많았다. 전문 분야도 아닌 주제의 책을 만들고, 게다가 유료로 판매한다는 일이 공공기관에 근무하는 내가 해도 될 일인가에 대한 것이 가장 큰 고민이었다. 나의 경험을 정리한 것이 다른 이의 시간을 절약하는 데 도움이 될 것이라는 주변의 권유와 믿음을 바탕으로 출판을 결심했다. 이를 통해, 더욱 많은 사람이 SGIS를 접하고 다양한 분야에서 활용할 수 있게 되기를 기대한다. 끝으로, SGIS 활용 공모전 내용을 이 책의 부록에 담을 수 있도록 지원해 주신 통계청 공간정보서비스과 관계자께 감사드린다.

2022년 12월 22일 눈이 많이 내리는 동짓날에

1

SGIS 플러스 개요

1. SGIS 플러스 개요

통계지리정보서비스(Statistical Geographic Information Service, SGIS)는 **통계 정보**(statistical information)와 **지리 정보**(geographic information)를 통합해서 제공하는 서비스이다.

지리정보시스템(Geographic Information System, GIS)은 모든 데이터를 지도(map)와 연결하여 '그곳의 상황은 어떤지(what things are like there)'를 소개하는 **설명 정보**(descriptive information, 데이터의 내용)와 '그것이 어디에 있는지(where things are)'를 나타내는 **위치 데이터**(location data, 데이터가 있는 장소)를 통합해서 제공한다. 통계 정보도 제공하는 SGIS를 이용하면, '지역의 인구 1000명당 병원 개수는?' 같은 질문에 대해, 지역 인구통계 설명 정보와 병원 위치 데이터를 통합해서 지도 위에 시각화하여 답할 수 있다.

GIS의 목적은 데이터로부터 행동으로 이어질 수 있는 정보를 얻는 것이다. 1963년 세계 최초로 컴퓨터화된 GIS가 구축된 이후 GIS는 개념에서 과학으로 진화했다. 오늘날 GIS는 과학 및 대부분의 산업 분야에서 사용하는 데이터와 정보를 통합해서 지도 위에 시각화하는 기반을 제공하여 업무관리 및 의사결정의 효율성을 높이는 데 활용되고 있다. **SGIS**는 GIS의 기본 특징에 통계청이 제공하는 통계 정보를 융합한 것으로 개념도는 다음과 같다.

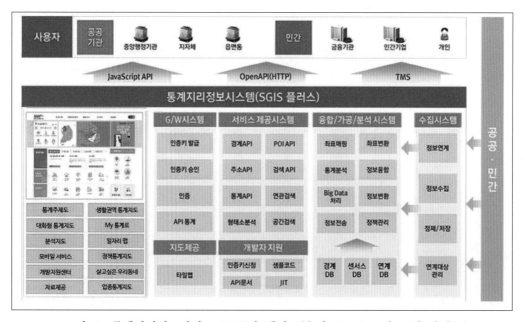

<그림 1> 통계지리정보서비스 SGIS의 개념도(출처: SGIS 플러스 웹 사이트)

2006년 서비스 개통 이후 2022년 현재까지의 발전 과정은 다음과 같다.

2022년	도시화 분석지도, 행정통계 시각화 지도 서비스 개시 등
2021년	생활권역 통계지도, 총조사 시각화 지도 서비스 개시
2020년	My통계로, e-지방지표 서비스 개시
2019년	일자리맵 서비스 개시, 지도위치·통계 검색기능 개선
2018년	분석지도 UI개편, 통계주제도 신규지표 서비스 개시 SGIS 스마트플랫폼 1단계 구축
2017년	정책통계지도, 기술업종 통계지도, 통계갤러리, 그리드서비스 개시
2016년	살고싶은 우리동네, 지역현안 소통지도, 모바일서비스 등 개시
2015년	SGIS 오픈플랫폼 전국 서비스 실시(대화형 통계지도, 통계주제도 등)
2014년	SGIS 오픈플랫폼 1단계 구축
2013년	SGIS 오픈플랫폼 정보화전략계획(ISP) 수립
2012년	SGIS 화면·기능 개선, OPEN API 개선
2011년	통계지도 시계열 서비스, S-통계 네비게이터 등 개시
2009년	통계지리정보서비스(SGIS) 전국 서비스 실시
2008년	전국 자료 구축 및 시스템 확충
2007년	특·광역시 대상 서비스 실시(12월)
2006년	대전광역시 대상 시범서비스 실시(12월)

<표 1> SGIS 플러스 개발 연혁(출처: SGIS 플러스 웹 사이트)

SGIS 주요 자료 시점 현황은 다음과 같다.

번호	자료명	산출자료 시점	업데이트 주기	원데이터 출처	비 고 (활용서비스)
1	행정구역경계(시도)	2021.6.	연간	통계청	공통 활용
2	행정구역경계(시군구)				
3	행정구역경계(읍면동)				
4	행정구역경계(집계구)				
5	인구주택총조사결과 (등록센서스)	2020.11.	연간	통계청	공통 활용
6	인구주택총조사결과 (표본항목)	2015.11.1.	연간		
7	전국사업체조사결과	2019.12.31.	연간		
8	농림어업총조사결과	2020.12.	연간		

<표 2> SGIS 주요 자료 시점 현황(출처: SGIS 플러스 웹 사이트)

2022년 11월 현재, 소지역 통계를 비롯한 12개의 콘텐츠를 서비스하고 있으며, 서비스 이용자가 자료를 직접 활용하도록 공간 통계 자료와 OpenAPI도 제공하고 있다.

콘텐츠 종류	서비스 내용
소지역 통계	인구·주택·가구 및 농림어업, 사업체센서스 자료를 토대로 지도 위에서 소지역(집계구) 단위 통계를 제공
S-통계 내비게이터	인구·주택·가구 및 농림어업, 사업체 소지역 통계와 사업체 위치 정보 제공
생활관심 지역 찾기	주거환경, 교육환경 등 이용자 기호에 맞는 일상생활에서 관심 있는 통계 정보 제공
행정구역 통계	행정구역단위(시도, 시군구, 읍면동)의 통계를 통계지도로 제공
고령화 현황 보기	고령화 현황의 지역 간 비교, 추세분석, 노인복지시설 등 고령화 관련 통계와 보도자료를 제공
지방의 변화 보기	1995년부터 2010년까지 5년 주기로 지방의 변화되는 모습 제공
월간 통계	월간 발표되는 주요 통계를 이용자가 알기 쉽게 통계지도로 제공
통계지도 체험	사용자가 직접 자료를 입력, 다양한 통계지도 작성 기능 제공
움직이는 인구피라미드	추계인구를 기준으로 연령별 과거와 미래의 인구분포 변화모습을 피라미드 형태로 표현
성씨분포	인구 기준으로 우리나라 50대 성씨와 100대 본관의 지역별 분포에 대한 통계 정보 제공
인구이동 통계	주민등록에 의한 지역별 인구와 인구이동통계를 지도 위에 제공
사업체 위치 찾기	사업체 명칭이나 산업분류를 활용하여 지도 위에 사업체의 위치 정보 및 산업분류별 시계열 변화 모습 제공

<표 3> SGIS 제공 콘텐츠 종류(12종)

SGIS 플러스는 개방·공유·소통·참여가 가능한 개방형(오픈형) 플랫폼이다. 통계 정보와 지리 정보를 융합해 새로운 서비스를 만들 수 있는 기반을 제공한다. SGIS 플러스 웹 사이트 시작 페이지 주소는 다음과 같다.

https://sgis.kostat.go.kr/view/index

<그림 2> SGIS 플러스 웹 사이트 시작 페이지 화면 구성

SGIS 플러스가 제공하는 서비스 종류는 다음과 같다.

통계주제도	대화형 통계지도	활용서비스	N 분석지도	자료제공	알림마당
인구와 가구	총조사 주요지표	생활권역 통계지도	N 도시화 분석 지도	자료제공 소개	SGIS플러스 소개
주거와 교통	인구주택총조사	My통계로	N 행정통계 시각화지도	자료제공 목록	설명과 공지
복지와 문화	농림어업총조사	일자리 맵	총조사 시각화 지도	자료신청	자료 시점 현황
노동과 경제	전국사업체조사	정책통계지도	월간통계	신청자료 다운로드	질문과 개선요청
건강과 안전	e-지방지표	살고싶은 우리동네	인구피라미드	신청내역	
환경과 기후	공공데이터	업종통계지도	고령화 현황보기		
	나의 데이터	지역현안 소통지도	성씨분포		
		통계지도체험	지방의 변화보기		
		통계갤러리			

<그림 3> SGIS 플러스 제공 서비스 종류

SGIS 플러스는 개인 관심 주제에 맞는 공간통계정보 서비스도 제공한다. ① SGIS 플러스 웹 사이트 시작 페이지에 접속해, ② 최상단 메뉴에서 '**My 통계로 바로가기**'를 클릭하여 ③ '**My 통계로**' 서비스 시작 화면으로 이동한 다음, 나의 관심분야를 카탈로그에서 선택하여 지도로 확인하거나 상세정보를 확인할 수 있다.

생애주기에 따른 공간통계정보는 총 7개 항목, '영유아/어린이', '청소년', '청년', '중장년', '노년', '임신/출산/육아여성', '1인가구'로 구분되어 있으며, 생애주기는 최대 2개까지 선택할 수 있다. 관심 지역을 선택하고 변경할 수 있다.

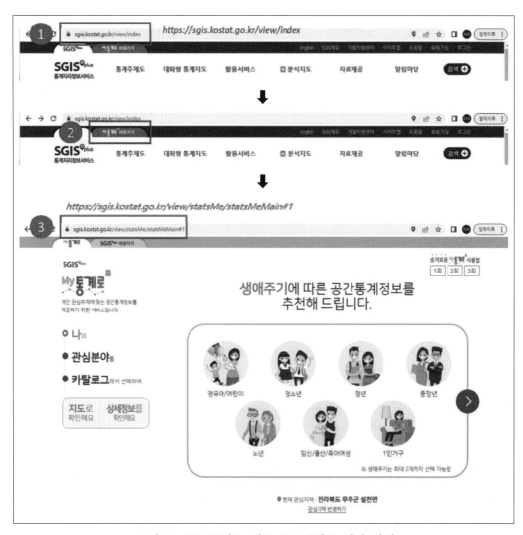

<그림 4> SGI 플러스 제공 My 통계로 시작 화면

SGIS 플러스는 통계지도체험 튜토리얼을 제공하고 있다. ① SGIS 플러스 웹 사이트 시작 페이지 ② 오른쪽 하단 메뉴에서 '통계지도체험'을 클릭한다.

<그림 5> SGIS 플러스 시작 페이지 통계지도체험 메뉴

통계지도체험 서비스 페이지로 이동한 다음, 튜토리얼을 클릭하고 확인을 누르면 튜토리얼을 체험할 수 있다.

<그림 6> SGIS 플러스 제공 통계지도체험 튜토리얼 시작 화면

2

통계 주제도

2. 통계 주제도

통계 주제를 ① 인구와 가구, ② 주거와 교통, ③ 복지와 문화, ④ 노동과 경제, ⑤ 건강과 안전, ⑥ 환경과 기후로 나누어 지도를 제공하고 있다.

<그림 7> SGIS 플러스 제공 통계 주제도 6대 항목

16

통계 주제도를 검색하는 첫 번째 방법은 다음과 같다.

① SGIS 플러스 웹 사이트 시작 페이지 접속

https://sgis.kostat.go.kr/view/index

→ ② 시작 페이지 상단 메뉴바에서 '**통계 주제도**' 클릭

→ ③ *https://sgis.kostat.go.kr/view/thematicMap/categoryList* 이동

→ ④ 검색어 창에 '**주제어**' 입력

<그림 8> SGIS 플러스 제공 통계 주제도 검색(방법 1)

통계 주제도를 검색하는 두 번째 방법은 다음과 같다.

① SGIS 플러스 웹 사이트 시작 페이지 접속

https://sgis.kostat.go.kr/view/index

→ ② 시작 페이지 중단 통계 주제도 메뉴바에서 '**+**' 클릭

→ ③ *https://sgis.kostat.go.kr/view/thematicMap/categoryList* 이동

→ ④ 검색어 창에 '**주제어**' 입력

<그림 9> SGIS 플러스 제공 통계 주제도 검색(방법 2)

통계 주제도 6대 항목 중 '인구와 가구'에는 17종의 통계 주제도가 있다. 통계청과 행정안전부 자료가 사용되었고, 통계 주제별로 조사 기간이 다르다. 지역경계는 시도/시군구/읍면동으로 구분하고, 지도유형은 시계열/증감/색상/분할뷰 등으로 주제 특성을 반영해 다르게 작성되어 있다.

	👫 인구와 가구	🏠 주거와 교통	🏡 복지와 문화	🏗 노동과 경제	🏋 건강과 안전	⏱ 환경과 기후
	17종	10종	16종	20종	19종	8종

인구와 가구에 관련된 통계   추천순 정렬 ⌄

1	다문화가구 현황 ❓	시군구	시계열	2015~2020	출처: 통계청 「인구주택총조사」
2	귀농/귀촌/귀어 인구 현황 ❓	시도	증감	2021	출처: 통계청 「귀농어귀촌인 통계」
3	1인 가구 변화 ❓	읍면동	증감	2020	출처: 통계청 「인구주택총조사」
4	인구 변화 ❓	읍면동	증감	2020	출처: 통계청 「인구주택총조사」
5	인구이동 ❓	시군구	색상	2021	출처: 통계청 「국내인구이동 통계」
6	주민등록 인구 현황 ❓	읍면동	시계열	2013~2020	출처: 행정안전부 「주민등록인구현황」
7	인구 자연증가 현황 ❓	시군구	색상	2020	출처: 통계청 「인구동향조사」
8	65세 이상 1인가구 변화 ❓	읍면동	증감	2020	출처: 통계청 「인구주택총조사」
9	여자인구 대비 남자인구 비율 ❓	읍면동	색상	2020	출처: 통계청 「인구주택총조사」
10	15세 미만 유소년 인구 변화 ❓	읍면동	증감	2020	출처: 통계청 「인구주택총조사」
11	65세 이상 고령자 인구 변화 ❓	읍면동	증감	2020	출처: 통계청 「인구주택총조사」
12	외국인 주민 현황 ❓	시군구	색상	2020	출처: 행정안전부 「지방자치단체 외국인주민현황」
13	출생 및 사망 현황 ❓	시군구	분할뷰	2020	출처: 통계청 「인구동향조사」
14	혼인 및 이혼율 현황 ❓	시군구	분할뷰	2021	출처: 통계청 「인구동향조사」
15	노령화 지수 ❓	읍면동	색상	2020	출처: 통계청 「인구주택총조사」
16	인구 밀도 ❓	시도	색상	2020	출처: 통계청 「인구주택총조사」
17	지역별 농림어가의 청장년인구 변화 ❓	읍면동	증감	2020	출처: 통계청 「농림어업총조사」

<그림 10> 인구와 가구에 관련된 통계 주제도 종류

예를 들어, '주민등록 인구 현황' 통계 주제도는 2000년부터 2020년까지의 행정안전부 「주민등록인구현황」 자료를 이용, 지역경계는 시도/시군구/읍면동 3종류로 구분, 지도유형은 색상/버블 2종류 구분하여 작성되어 있다. 지역경계 선택 종류에 따라서 제공되는 통계 정보가 조금씩 다르다.

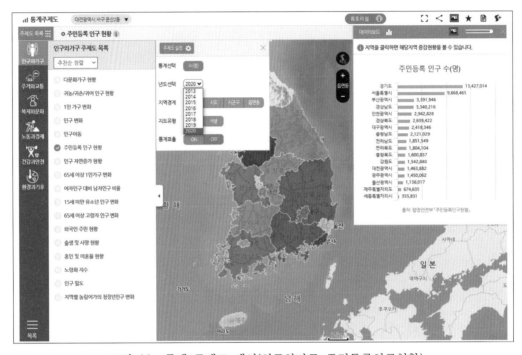

<그림 11> 통계 주제도 예시(인구와가구-주민등록인구현황)

지도유형은 색상을 선택하고, 지역경계는 시도 → 시군구 → 읍면동을 선택하면 다음과 같다. 지역경계 종류 선택에 따라서 통계 주제도의 보기가 달라진다. 시도를 선택하면 시계열 보기, 시군구를 선택하면 선택 보기가 가능하다.

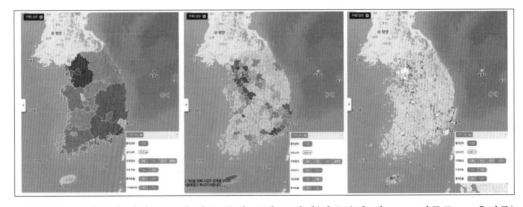

<그림 12> 지역경계 선택 종류에 따른 통계 주제도 차이(왼쪽부터 시도 → 시군구 → 읍면동)

다른 예로, '인구 밀도' 통계 주제도는 2000년 통계청 인구주택총조사 자료만을 이용하고, 지역경계는 시도로만 구분하고, 지도유형은 색상/버블 2종류로 구분하여 작성되어 있다.

<그림 13> 통계 주제도 예시(인구와가구-인구밀도)

지역경계는 시도를 선택, 지도유형은 색상 → 버블을 선택하면 다음과 같다. 지도유형 종류 선택에 따라서 통계 주제도의 보기가 달라진다.

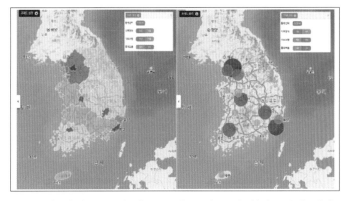

<그림 14> 지도유형 선택 종류에 따른 통계 주제도 차이(왼쪽부터 색상 → 버블)

SGIS 플러스에서 제공하는 통계 주제도를 이용하여 자신이 원하는 형태로 가공하고, 이미지로 저장하는 방법은 다음과 같은 순서를 따르면 된다.

① 통계주제도 메뉴바에서 '**환경과 기후**' 선택
→ ② 제공되는 통계주제도 중에서 '**지역별 기온 및 강수량**' 선택
→ ③ 통계주제도 왼쪽 상단 창에 보이는 주소 확인
→ ④ 지역경계가 시도로 되어 있는 지도에서 '**대전광역시**' 선택
→ ⑤ 오른쪽 상단에 팝업되는 데이터보드 시계열 확인
→ ⑥ 왼쪽 하단에 있는 범례 서식 변경
→ ⑦ 오른쪽 상단 메뉴바에서 지도 이미지 다운로드 아이콘 선택

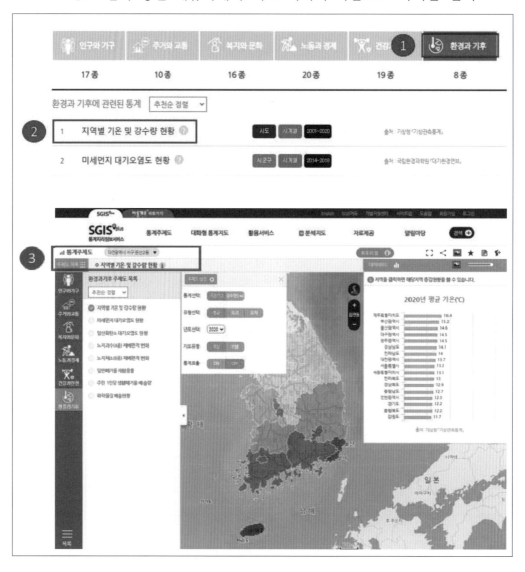

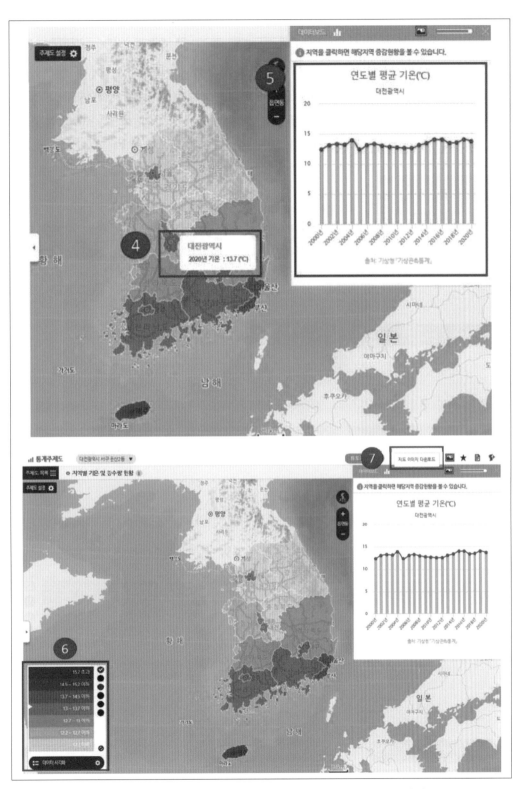

<그림 15> 통계 주제도 선택부터 작성된 지도 다운로드 방법

SGIS 플러스에서 기본 옵션으로 설정되어있는 범례 서식을 변경하는 방법
은 다음 순서를 따르면 된다. 초기화 버튼을 클릭하면 처음으로 돌아간다.

① 데이터 시각화 범례 상자에서 설정 아이콘을 클릭, **서브 메뉴** 활성화
→ ② '단계설정' 클릭, 자동범례/균등범례/사용자정의 선택, **범례 구간** 설정
→ ③ '색상설정' 클릭, 기본색상/혼합색상/사용자정의 선택, **색상 설정**
→ ④ '투명도설정' 클릭, 막대 바 위의 동그라미 좌우로 이동, **투명도 조정**

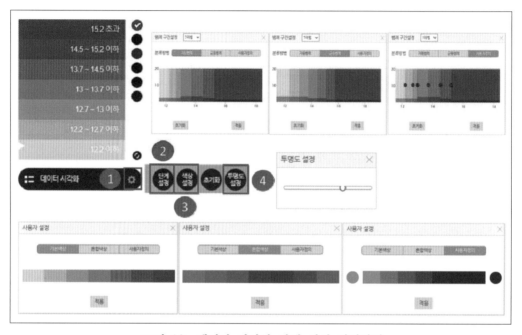

<그림 16> 데이터 시각화 범례 서식 변경하기

데이터 시각화 범례 상자의 오른쪽 아래, 사용자 설정 아이콘 위쪽에 있는
단추 모양의 아이콘을 클릭하면 범례 구간 색상순서를 바꿀 수 있다.

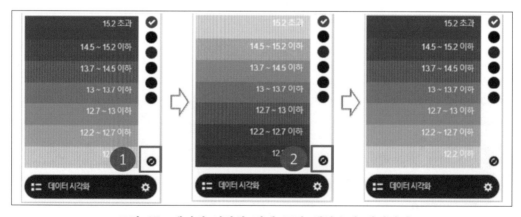

<그림 17> 데이터 시각화 범례 구간 색상순서 변경하기

오른쪽 지도모양 아이콘을 선택하면, 지도를 위성/일반/백지도에서 선택할 수 있고, +를 클릭하여 지도를 확대, -를 클릭하여 지도를 축소할 수 있다. 마우스를 위치시키면, 시도 단위로 마우스가 있는 곳의 지역 경계선과 통계값이 나타난다.

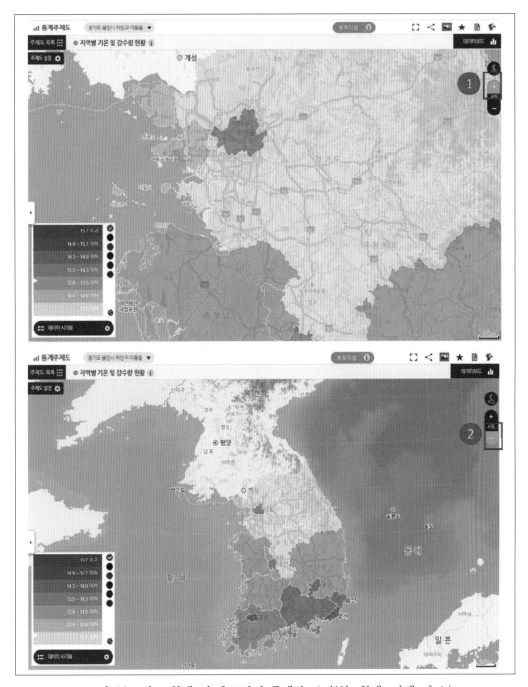

<그림 18> 지도 확대 및 축소하여 통계값 보기(위: 확대, 아래: 축소)

3

대화형 통계지도

3. 대화형 통계지도

대화형 통계지도는 다양한 통계 항목을 사용자 조건에 맞게 검색 가능한 **'맞춤형 소지역 통계검색서비스'**를 제공하며, 다음과 같이 총 7종의 서비스가 제공되고 있다.

---

① 총조사 주요지표   ② 인구주택총조사   ③ 농림어업총조사

④ 전국사업체조사   ⑤ e-지방지표   ⑥ 공공데이터   ⑦ 나의 데이터

대화형 통계지도에 접근하는 방법은 다음과 같다.

① SGIS 플러스 웹 사이트 시작 페이지 접속

https://sgis.kostat.go.kr/view/index

→ ② 상단 메뉴바에서 **'대화형 통계지도'** 선택

<그림 19> SGIS 플러스 웹 사이트 시작 페이지에서 대화형 통계지도 찾아가기

'총조사 주요지표' 서비스에 직접 접속하는 방법은 다음과 같다.

① '대화형 통계지도' 웹 사이트 접속

https://sgis.kostat.go.kr/view/map/interactiveMapMain

→ ② 하단 메뉴 상자에서 '총조사 주요지표' 선택

<그림 20> 대화형 통계지도 서비스 메뉴 구성

'총조사 주요지표' 서비스에 접속한 것과 같은 방법으로 '인구주택총조사', '농림어업총조사', '전국사업체조사', 'e-지방지표', '공공데이터', '나의 데이터' 서비스에 직접 접속할 수 있다.

① '대화형 통계지도' 웹 사이트 접속

https://sgis.kostat.go.kr/view/map/interactiveMapMain

→ ② 하단 메뉴 상자에서 '서비스' 개별 선택

('서비스': '인구주택총조사', '농림어업총조사', '전국사업체조사', 'e-지방지표', '공공데이터', '나의 데이터')

'**총조사 주요지표**'서비스는 총조사 결과 중, 주요지표만 모아서 제공하는 통계조회 서비스이다.

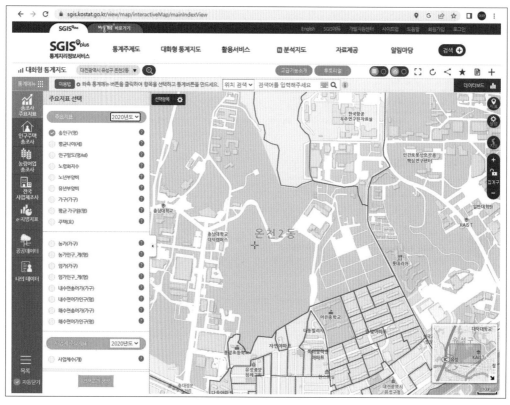

<그림 21> 대화형 통계지도 → 총조사 주요지표 서비스 화면 메뉴 구성

총조사 주요지표는 총 17종이며, 제공 기간은 2000년부터 2020년까지이다. 2016년 이전은 5년 단위(2000, 2005, 2010, 2015), 2016~2020년 사이는 1년 단위로 조회할 수 있다.

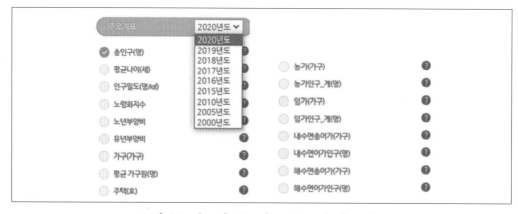

<그림 22> 총조사 주요지표 종류 및 제공 연도

대화형 통계지도 '**총조사 주요지표**'를 이용하는 방법은 다음과 같다.

① 주요지표 선택 메뉴 상자에서 지표 선택
→ ② 조사 기간 선택 → ③ 지역 선택
→ ④ 서브 메뉴 선택

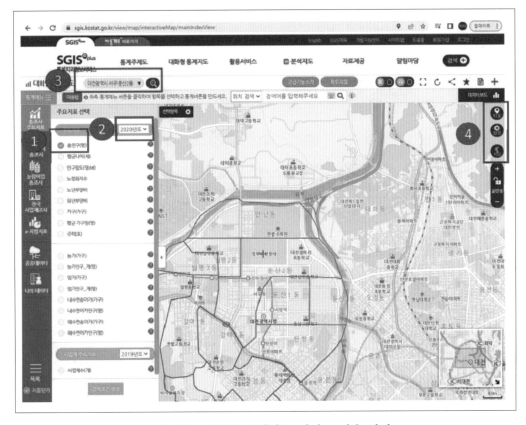

<그림 23> 대화형 통계지도 서비스 이용 방법

대화형 통계지도 왼쪽 데이터보드 아래쪽에 '지표', '설정', '지도'가 있고, 지표에서는 12종(산업분류, 농림어업 등), 설정에서는 3종, 지도에서는 3종의 서브 메뉴를 선택할 수 있다. 초기화를 선택하면 처음 상태로 되돌아간다.

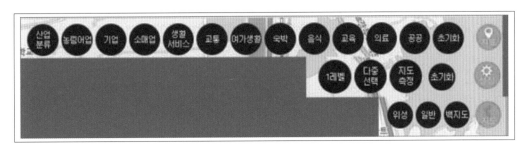

<그림 24> 대화형 통계지도 서브 메뉴 종류

대화형 통계지도 상단 가운데 '고급기능소개'와 '튜토리얼' 버튼 옆에 줄지어 있는 아이콘은 총 7개이며, 각 아이콘의 기능은 다음과 같다.

> ① 행정구역단위 그리드 끄기, ② 사업체 전개도 보기, ③ 전체 화면 확대,
> ④ 초기화, ⑤ URL 공유하기, ⑥ 즐겨찾기로 저장하기,
> ⑦ 보고서 보기, ⑧ 지도 추가하여 비교하기

<그림 25> 대화형 통계지도의 아이콘 종류

예를 들어, ① 행정구역단위 그리드 끄기 아이콘을 클릭하면 '행정구역단위 그리드 보기'가 활성화되어 통계지도 위에 그리드가 나타나고, 다시 클릭하면 그리드가 사라진다.

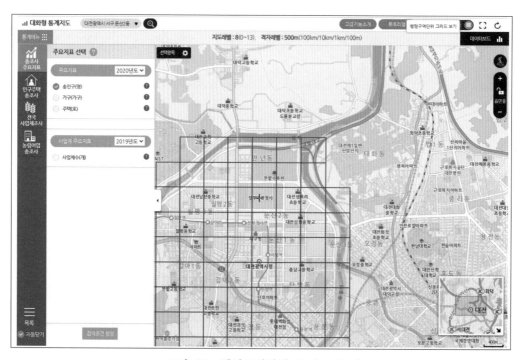

<그림 26> 행정구역단위 그리드 보기

대화형 통계지도는 '**튜토리얼**'을 제공하고 있다.

<그림 27> 대화형 통계지도 튜토리얼 시작하기

상단 메뉴바에서 '**튜토리얼**' 버튼을 클릭하면, '대화형 통계지도 첫 사용을 환영합니다!'로 시작하는 설명 창과 '총조사주요지표'를 가리키고 있는 손 모양 아이콘이 나타난다. '다음'을 클릭하면 추가 설명 창이 나타나고, 왼쪽 메뉴바에서 '총조사주요지표'를 클릭하면 '총인구(명)'가 선택된 통계지도가 나타난다.

<그림 28> 대화형 통계지도 → 튜토리얼 시작하기

튜토리얼을 성공적으로 마치면 다음과 같은 축하 메시지 창이 나타난다.

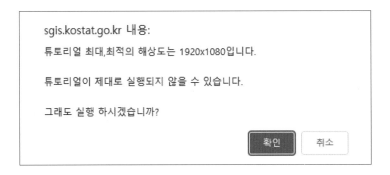

<그림 29> 튜토리얼 완료 축하 메시지

튜토리얼 최대, 최적의 해상도는 1920×1080이다. 해상도가 다르면 다음과 같은 안내 메시지 창이 나타나는데, 취소를 클릭하고 해상도를 바꾼다.

해상도 설정이 변경되면, 다음과 같은 질문 창이 나타난다. '변경한 설정 유지'를 클릭하면 선택한 해상도가 유지된다.

Windows 환경에서, 해상도 1920×1080로 설정하는 방법은 다음과 같다.

① '윈도우즈 시작' 로고 클릭

→ ② 활성화된 메뉴에서 '설정' 선택

→ ③ '시스템' 선택

→ ④ '디스플레이' 선택

→ ⑤ '디스플레이 해상도' 선택

→ ⑥ 튜토리얼 최대, 최적 해상도인 '1920×1080(권장)' 선택

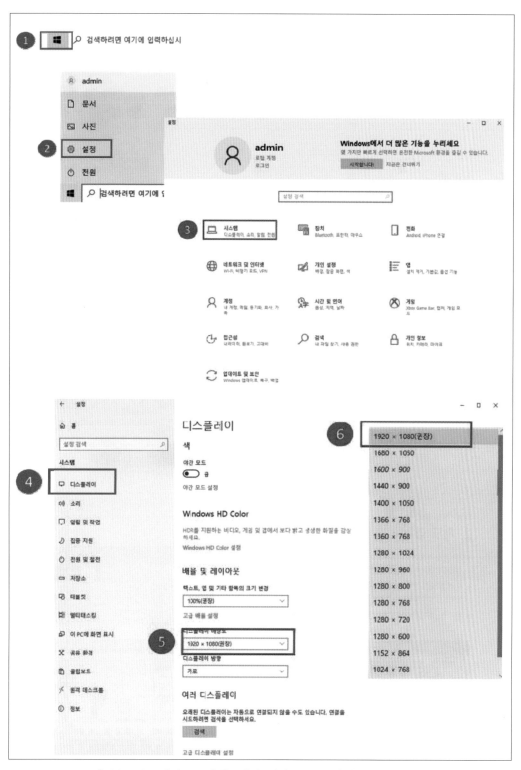

<그림 30> 튜토리얼 → 최대, 최적 해상도로 모니터 해상도 설정하기

대화형 통계지도는 '고급기능소개' 설명도 제공하고 있다. 상단 메뉴바에서 '고급기능소개'를 클릭하면 총 20종의 '고급기능소개' 설명 창이 나타난다.

<그림 31> 대화형 통계지도 → 고급기능소개(다중뷰모드)

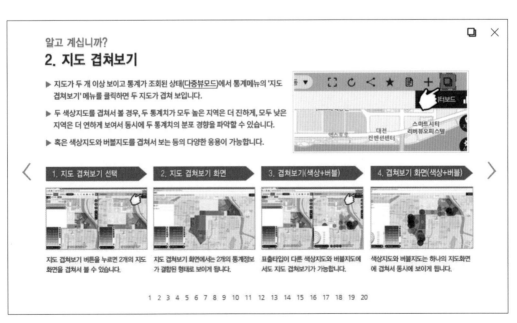

<그림 32> 대화형 통계지도 → 고급기능소개(지도 겹쳐보기)

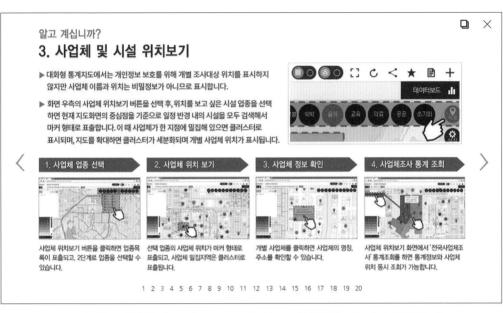

<그림 33> 대화형 통계지도 → 고급기능소개(사업체 및 시설 위치보기)

<그림 34> 대화형 통계지도 → 고급기능소개(2레벨 보기)

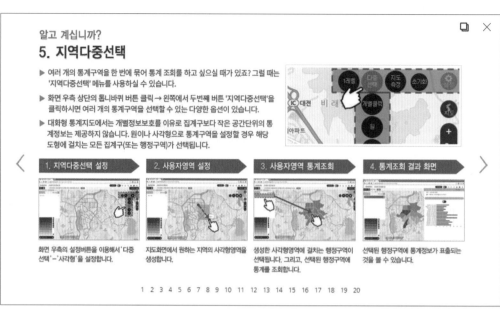

<그림 35> 대화형 통계지도 → 고급기능소개(지역다중선택)

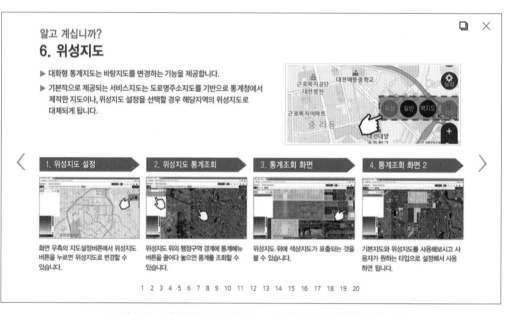

<그림 36> 대화형 통계지도 → 고급기능소개(위성지도)

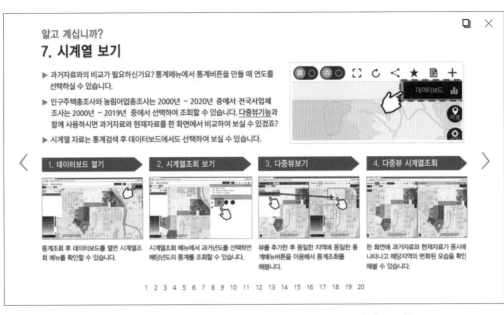

<그림 37> 대화형 통계지도 → 고급기능소개(시계열 보기)

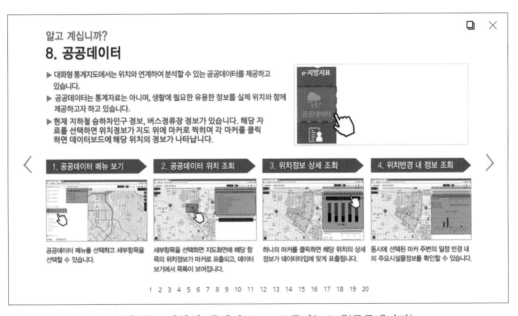

<그림 38> 대화형 통계지도 → 고급기능소개(공공데이터)

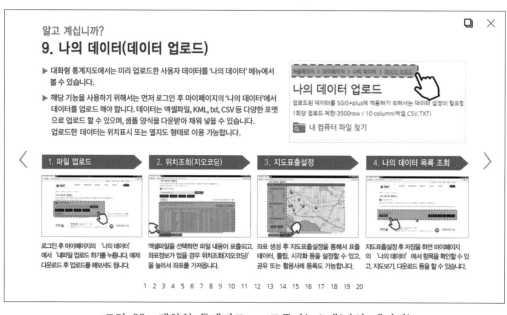

<그림 39> 대화형 통계지도 → 고급기능소개(나의 데이터)

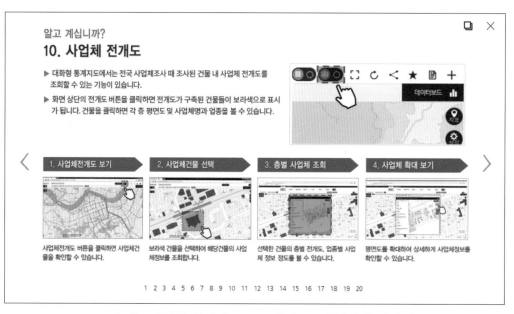

<그림 40> 대화형 통계지도 → 고급기능소개(사업체 전개도)

대화형 통계지도가 '고급기능소개'를 통해 제공하는 총 20종의 설명 제목과 주요 기능은 다음과 같다.

번호	설명 제목	주요 기능
1	다중뷰모드	지도를 여러 개 사용해서 통계를 비교
2	지도 겹쳐보기	다중뷰모드에서 선택한 두 개 지도를 겹쳐보기
3	사업체 및 시설 위치보기	선택한 업종의 사업체 및 시설 위치보기
4	2레벨 보기	시도 레벨에서 읍면동별 통계 보기
5	지역다중선택	여러 개의 통계구역을 한 번에 묶어 통계 보기
6	위성지도	기본지도를 위성지도로 변경
7	시계열 보기	과거 자료와 비교
8	공공데이터	위치와 연계할 수 있는 공공데이터 제공
9	나의 데이터(데이터 업로드)	미리 업로드한 나의 데이터 메뉴 보기
10	사업체 전개도	전국사업체조사 때 조사된 건물 내 사업체 조회
11	공유하기, 즐겨찾기	카카오스토리, 페이스북, 트위터를 이용한 공유
12	보고서 보기	통계검색결과를 보고서 형태로 제공
13	통계표출 버튼	통계 값이 색채지도 위에 하얀 글자로 표시
14	범례 구간 설정	(기본) 균등범례 방식 변경
15	범례 색상과 타입설정	(기본) 빨간색 계열의 색채지도와 타입 변경
16	SGIS와 공표 데이터가 다른 이유	최신 경계 사용에 따른 차이 설명
17	e-지방지표란	KOSIS를 통해 공표된 지역통계 색채지도
18	결합조건검색	동일한 위치정보를 가진 데이터를 결합 검색
19	범례 역순	값이 클수록 진한 색상을 연한 색상으로 변경
20	그리드 서비스 이용안내	일정한 크기 사각형 셀별 집계된 데이터 제공

<표 4> 대화형 통계지도 → 고급기능소개 설명 제목 및 주요 기능

4

활용 서비스

4. 활용 서비스

활용 서비스는 지도와 함께 만들어지는 각종 통계서비스와 콘텐츠를 제공하는 것이다. **활용 서비스**의 콘텐츠에 접근하는 방법은 다음과 같다.

① SGIS 플러스 '**통계지리정보서비스**' 웹 사이트 접속

https://sgis.kostat.go.kr/view/common/serviceMain

→ ② 상단 메뉴바에서 '**활용서비스**' 선택

→ ③ 이용할 '**콘텐츠**' 선택

활용 서비스를 통해 제공되고 있는 콘텐츠는 총 8종이다.

---

① 생활권역 통계지도　　② 일자리맵　　③ 살고 싶은 우리동네

④ 업종통계지도　　⑤ 정책통계지도　　⑥ 지역현안 소통지도

⑦ 통계지도체험　　⑧ 통계갤러리

통계지리정보서비스 **활용 서비스** 시작 화면은 다음과 같이 구성되어 있다.

<그림 41> 통계지리정보서비스 → 활용 서비스 시작 화면

활용 서비스 콘텐츠 중에서 '**생활권역 통계지도**' 활용 방법은 다음과 같다.

① 지역 선택에서 '**대전광역시**' '**유성구**' '**온천2동**' 선택

→ ② 시설 유형에서 '**교육**', '**중학교**' 선택

→ ③ 중학교(21개) 검색 결과 및 위치 표시

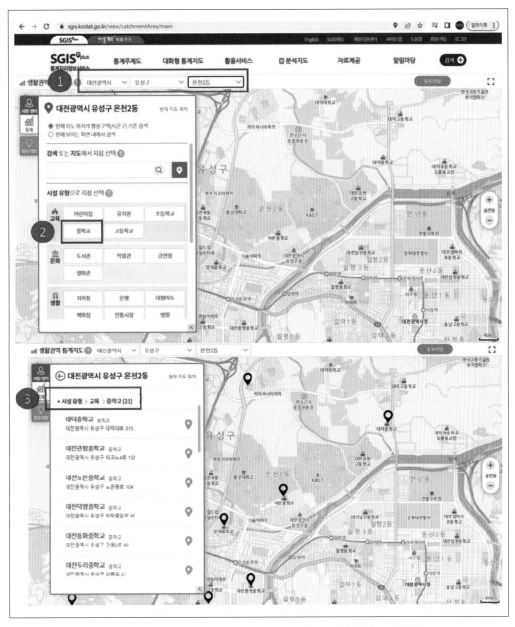

<그림 42> 통계지리정보서비스 활용 서비스 생활권역 통계 지도

활용 서비스 콘텐츠 중에서 '**일자리 맵**'의 메뉴는 총 4종이다.

---

① 오늘의 구인 현황　② 일자리 보기(내 주변 일자리)
③ 구인 현황 분석　④ 일자리 통계 분석

활용 서비스 콘텐츠 중에서 '**일자리 맵**' 활용 방법은 다음과 같다.

① '**활용 서비스**'의 '**일자리 맵**' 웹 사이트 접속

https://sgis.kostat.go.kr/view/workRoad/main

→ ② 기본 설정으로 표시된 화면에서 통계표출을 'OFF'에서 '**ON**'으로 변경

→ ③ 색상지도 위에 하얀 글자로 표시된 통계 수치 등장

→ ④ 임의지점을 클릭하면 선택 지점이 포함된 지역 명칭과 통계 수치 등장

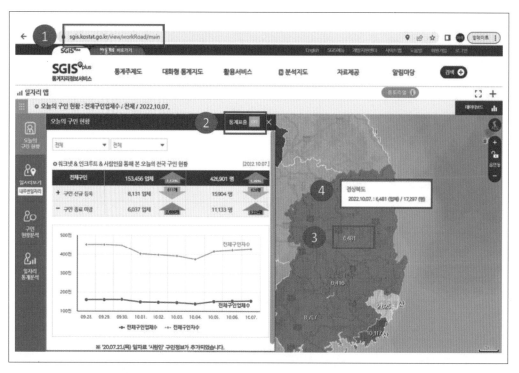

<그림 43> 통계지리정보서비스 → 활용 서비스 → 일자리 맵 시작 화면

활용 서비스 콘텐츠 중에서 '**정책통계지도**'의 메뉴는 총 7종이다.

---

① 인구·가구·주택 ② 보건·복지 ③ 교육·문화

④ 고용·소득·소비 ⑤ 산업·생산 ⑥ 환경·안전 ⑦ 재정행정

활용 서비스 콘텐츠 중에서 '**정책통계지도**' 활용 방법은 다음과 같다.

① '**활용 서비스**'의 '**정책통계지도**' 웹 사이트 접속

https://sgis.kostat.go.kr/view/map/policyStaticMap

→ ② 기본 설정으로 표시된 대상지역 선택 창에서 지역 변경

→ ③ 서브 메뉴 인구·가구·주택 선택

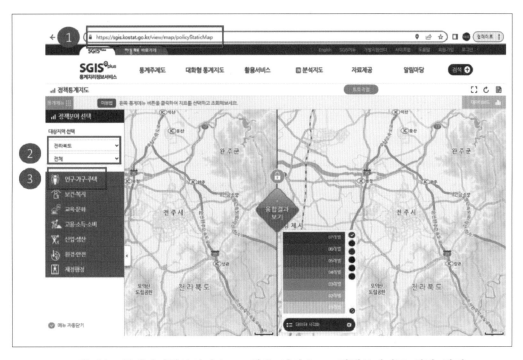

<그림 44> 통계지리정보서비스 → 활용 서비스 → 정책통계지도 시작 화면

'**정책통계지도**'의 인구·가구·주택의 세부지표는 다음과 같이 총 12종이다.

① 전체인구의 변화 ② 남성인구의 변화 ③ 여성인구의 변화
④ 평균나이의 변화 ⑤ 인구밀도의 변화 ⑥ 평균 가구원의 변화
⑦ 총 주택(호)의 변화 ⑧ 1인 가구의 변화 ⑨ 아파트 현황 변화
⑩ 연립 및 다세대 주택 변화 ⑪ 단독주택의 변화 ⑫ 전체가구의 변화

'**정책통계지도**'를 활용하면 특정년도 두 개(현재와 과거)를 비교할 수 있다.

① 전체인구의 변화 선택 → ② 비교대상 조회년도 선택

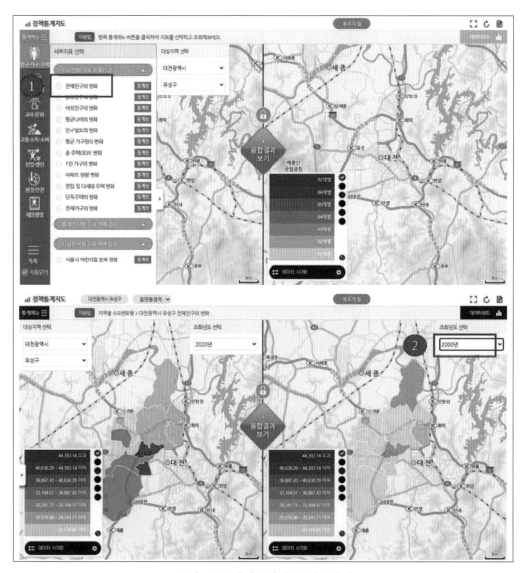

<그림 45> 정책통계지도 비교하기

'생활업종현황'과 '기술업종현황'을 12개 지표로 확인할 수 있다.

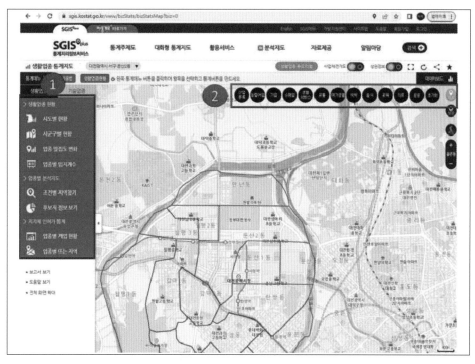

<그림 46> 생활업종현황 통계지도 서비스 구성

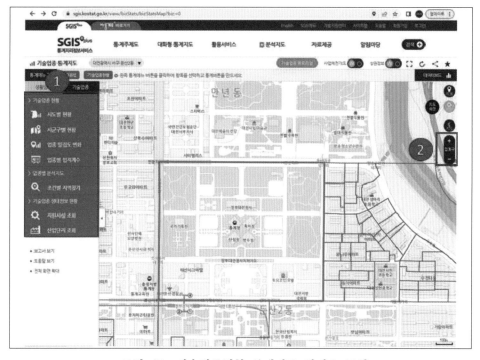

<그림 47> 기술업종현황 통계지도 서비스 구성

5

분석 지도

5. 분석 지도

분석 지도는 통계와 함께 지도를 볼 수 있는 공간이다. **분석 지도** 콘텐츠에 접근하는 방법은 다음과 같다.

① SGIS 플러스 '**통계지리정보서비스**' 웹 사이트 접속

https://sgis.kostat.go.kr/view/index

→ ② 상단 메뉴바에서 '**분석지도**' 선택 → ③ '**분석지도**' 시작 화면으로 이동

https://sgis.kostat.go.kr/view/common/analMapMain

→ ④ 이용할 **분석 지도** '**콘텐츠**' 선택

통계지리정보서비스 **분석 지도** 시작 화면은 다음과 같이 구성되어 있다.

<그림 48> 통계지리정보서비스 → 분석 지도 시작 화면

분석 지도를 통해 제공되고 있는 콘텐츠는 총 8종이다.

① 도시화 분석 지도　② 행정통계 시각화 지도

③ 총조사 시각화 지도　④ 월간통계　⑤ 인구피라미드

⑥ 고령화 현황보기　⑦ 성씨분포　⑧ 지방의 변화보기

'**도시화 분석 지도**'를 사용하는 방법은 '**사용가이드**'를 참고하면 된다.

① '**도시화 분석 지도**' 시작 페이지 접속 → ② '**사용가이드**' 선택

https://sgis.kostat.go.kr/view/urban/main

'**도시화 분석 지도**'는 도시변화, 도시화 통계, 도시화 지표분석이 가능하다. 도시변화는 시계열 도시화 지도를 조회할 수 있다. 도시화 통계는 도시화 권역별 통계를 조회할 수 있다. 도시화 지표분석은 도시화 권역별 주요지표 통계를 조회할 수 있다.

<그림 49> 분석 지도 → 도시화 분석 지도 → 도시변화 지도 시작 화면

시계열 도시화 지도는 도시화 분석 지도 시작 화면 아래쪽에 있는 플레이 버튼을 클릭하여 생성할 수 있다. 시계열 지도는 자동으로 생성되며. 다운로드 아이콘을 클릭하면 내 컴퓨터에 개별 이미지 파일(.png)로 저장된다. 시계열 도시화 지도의 생성 기간은 2010년부터 2020년까지이며, 2016년 이전은 5년 단위로 생성되고, 2016년부터는 1년 단위로 생성된다.

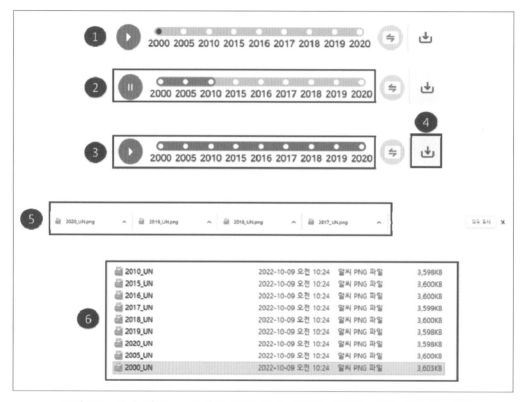

<그림 50> 분석 지도 → 도시화 분석 지도 시계열 도시화 지도 생성 및 저장

도시는 UN 도시화 기준을 따르고 있다. UN 도시분류 기준은 유럽연합, 유엔 인간거주계획, 세계은행 등 6개 국제기구가 도시 기준을 표준화하기 위해 만든 도시 개념으로 '20년 UN 통계위원회에서 공식 채택되었다. 행정구역과는 별개로 1제곱킬로미터 격자의 상주인구를 집계한 후, 인구 규모를 기준으로 도시와 준도시 지역으로 구분한다.

- (도시, Urban Center) 인구가 1,500명 이상인 격자 추출 후, 인접한 격자 끼리 병합한 격자 그룹 생성, 격자 그룹별 인구 총합이 50,000명 이상

- (준도시, Urban Cluster) 인구가 300명 이상인 격자 추출 후, 인접한 격자 끼리 병합한 격자 그룹 생성, 격자 그룹별 인구 총합이 5,000명 이상

수도권(서울, 경기, 인천)의 경우, UN 도시화 기준에 따라서 동일 구에서 도시와 준도시가 나뉜다. 예를 들어 고양시 덕양구 화정1동과 화정2동은 도시에 포함되고, 대덕동과 화전동은 준도시에 포함된다.

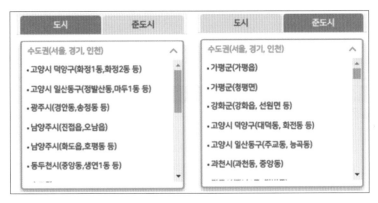

<그림 51> 수도권(서울, 경기, 인천)의 도시와 준도시 비교

① 도시화 통계 지도 시작 화면은 다음과 같고, ② 사용 가이드가 제공되고 있다.

<그림 52> 분석 지도 → 도시화 분석 지도 → 도시화 통계 지도 시작 화면

① 도시화 지표분석 지도 시작 화면은 다음과 같고, 사용 가이드가 제공되고 있다. UN 도시분류를 선택하면 권역이 도시, 준도시로 구분되고 대권역 목록과 대권역에 속한 도시화 권역 목록이 표출된다. ② 사용 가이드는 기준년도 선택, 도시화 권역별 주요 지표 정보 조회, 비교 권역 선택에 대한 설명 등을 담고 있다.

<그림 53> 분석 지도 → 도시화 분석 → 도시화 지표분석 지도 시작 화면

도시화 지표분석에서 대권역 및 대권역에 속한 도시화 권역별로 제공되는 주요 지표의 종류는 다음과 같은 총 5종이다.

① 인구밀도 단위 : 명/㎢
② 평균나이 단위 : 세(나이)
③ 노령화지수 단위 : 명/100명당
④ 1인 가구 비율 단위 : %
⑤ 아파트 비율 단위 : %

① 도시화 지표분석에서 UN 도시분류를 선택하고, ② 대권역으로 대전충남권을 선택한 다음, 대권역에 속한 도시화 권역으로 대전 유성구(관평동, 구즉동)를 선택하면 ③ 5종의 지표의 시계열 데이터가 담긴 데이터보드가 나타난다. ④ 비교권역을 선택하면, 데이터보드에 시계열 데이터가 추가된다.

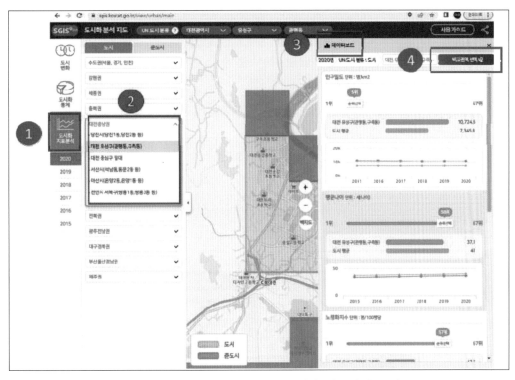

<그림 54> 도시화 지표분석 지도에서 비교권역 추가

비교권역은 한 개만 선택할 수 있으며, 비교권역을 선택하면 데이터보드에 나타나는 정보가 다음과 같은 차이가 있다.

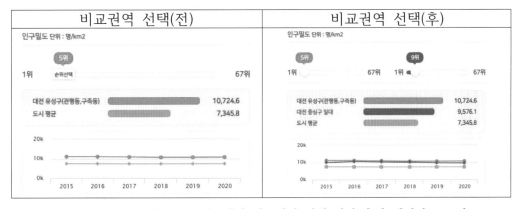

<그림 55> 도시화 지표분석 지도에서 비교권역 선택 전과 후의 데이터보드 비교

'**행정통계 시각화 지도**'가 제공하는 지도는 총 5종이다.

---

① 신혼부부 통계   ② 주택소유 통계   ③ 중·장년층 행정통계
④ 귀농어·귀촌인 통계   ⑤ 통계 더보기

통계 더보기에서 제공하는 지도는 총 3종이다.

---

① 일자리 행정통계   ② 퇴직연금 통계   ③ 임금근로 일자리 동향

'**행정통계 시각화 지도**'를 사용하는 방법은 '**사용가이드**'를 참고하면 된다.

① '**행정통계 시각화 지도**' 시작 페이지 접속

https://sgis.kostat.go.kr/view/administStats/newlyDash

→ ② '**사용가이드**' 선택

<그림 56> 분석 지도 → 행정통계 시각화 지도 시작 화면

'**총조사 시각화 지도**'가 제공하는 지도는 총 6종이다.

---

① 인구   ② 주택   ③ 농업   ④ 임업   ⑤ 어업   ⑥ 경제

'**총조사 시각화 지도**'를 사용하는 방법은 '**사용가이드**'를 참고하면 된다.

① '**총조사 시각화 지도**' 시작 페이지 접속

https://sgis.kostat.go.kr/view/totSurv/populationDash

→ ② '**사용가이드**' 선택

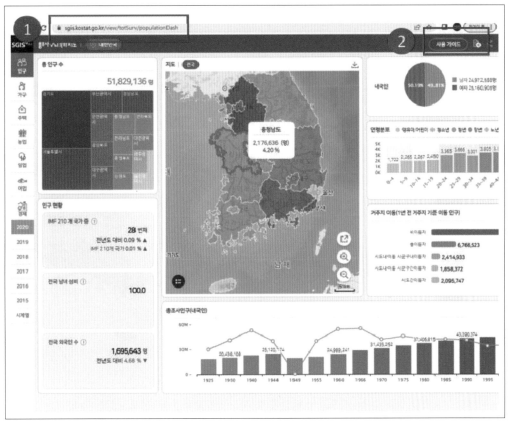

<그림 57> 분석 지도 → 총조사 시각화 지도 → 인구 지도 시작 화면

'**월간통계**' 지도가 제공하는 서비스는 총 4종이다.

① 고용동향 ② 산업활동동향 ③ 소비자물가동향 ④ 인구동향

'**월간통계**' 지도를 사용하는 방법은 다음과 같다.

① '**월간통계**' 시작 페이지 접속

https://sgis.kostat.go.kr/funny_month/month/sta_month_main.do

→ ② 서비스 선택

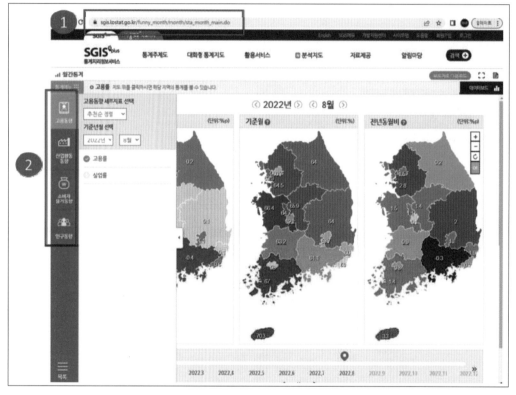

<그림 58> 분석 지도 → 월간통계 지도 → 고용동향 지도 시작 화면

이 밖에도 다음과 같은 종류의 지도가 제공되고 있다.

<그림 59> 기타 활용 서비스 종류

각 지도에 직접 접속할 수 있는 시작 페이지 인터넷 주소는 다음과 같다.

○ '인구피라미드' 지도

    https://sgis.kostat.go.kr/jsp/pyramid/pyramid1.jsp

○ '고령화 현황보기' 지도

    https://sgis.kostat.go.kr/publicsmodel/

○ '성씨분포' 지도

    https://sgis.kostat.go.kr/statbd/family_01.vw

○ '지방의 변화보기' 지도

    https://sgis.kostat.go.kr/statbd/future_01.vw

각 분석 지도의 시작 페이지 화면은 다음과 같다.

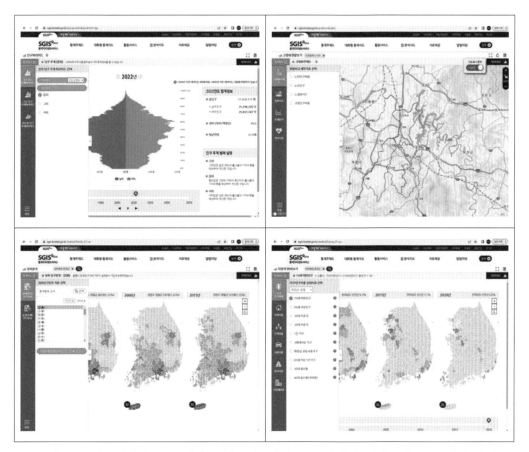

<그림 60> 인구피라미드, 고령화 현황보기, 성씨분포, 지방의 변화보기 지도 시작 화면

6

나의 데이터 준비하기

6. 나의 데이터 준비하기

우리나라 기상청 국가기후데이터센터는 '**기상자료개방포털**'을 통해, 각종 기상 및 기후 데이터를 제공하고 있다. '기상자료개방포털'이 제공하는 데이터에 접근하는 방법은 다음과 같다.

① '**기상자료개방포털**' 웹 사이트 접속

https://data.kma.go.kr/cmmn/main.do

→ ② '**데이터**' 메뉴판에서 항목(기상관측) 선택

https://data.kma.go.kr/data/grnd/selectAsosRltmList.do?pgmNo=36

기상청 **기상자료개방포털** 시작 화면은 다음과 같이 구성되어 있다.

<그림 61> 기상청 기상자료개방포털 시작 화면

데이터는 기상관측, 기상위성, 레이더, 기상예보, 수치모델, 기후, 응용기상, 지진화산, 날씨 이슈별 데이터, 역사기후 등으로 분류되어 있다.

<그림 62> 기상청 기상자료개방포털이 제공하는 데이터 종류

기상관측, 지상, 종관기상관측 데이터를 순차적으로 선택하면 다음과 같다.

<그림 63> 종관기상관측 자료 조회 및 다운로드 서비스 화면

종관기상관측이란 정해진 시각의 대기 상태를 파악하기 위해 모든 관측소에서 같은 시간에 실시하는 지상관측을 말한다. 시정, 구름, 증발량, 일기현상 등 일부 목측 요소를 제외하고 종관기상관측장비를 이용해 자동으로 관측한다. 검색조건에서 기간, 지점, 데이터 종류를 선택할 수 있다. ① 지역은 강원도, ② 기상데이터는 지면온도를 선택해, ③ 조회하면, ④ 자료 보기 창에 10건만 표출된다. 상세결과는 파일로 제공하며, ⑤ CSV 또는 EXCEL 버튼을 클릭하면 내 컴퓨터로 다운로드 된다.

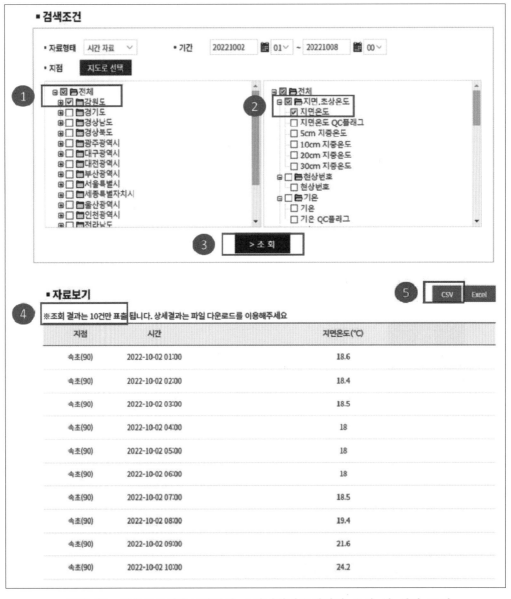

<그림 64> 기상자료개방포털에서 종관기상관측데이터 조회 및 결과 보기

CSV 또는 EXCEL 버튼을 클릭해 용도신청 창이 나타나면, ① 신청한 자료의 사용 분야를 선택한 후, ② 신청 버튼을 클릭하면 된다.

<그림 65> 기상자료개방포털 데이터 파일 사용분야 선택 창

CSV 형식은 EXCEL 프로그램을 활용하여 읽을 수 있다. 내 컴퓨터에 다운로드 된 파일은 지점, 지점명, 일시, 지면온도 데이터로 구성되어 있다.

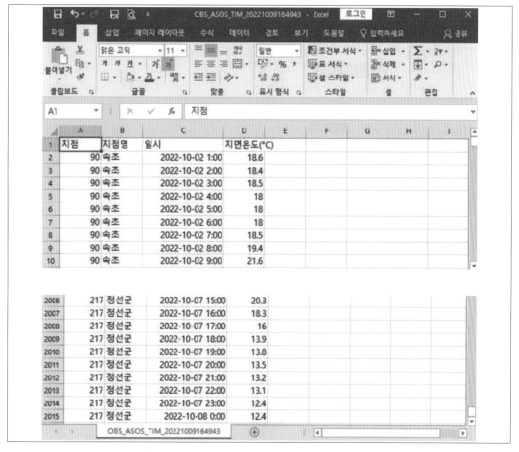

<그림 66> 종관기상관측 자료 다운로드 파일 내용

방재기상관측은 지진·태풍·홍수·가뭄 등 기상현상에 따른 자연재해를 막기 위해 지상에서 실시하는 관측이다. 전국 약 510여 지점에 자동기상관측장비(AWS)를 설치하여 자동으로 관측한다.

<그림 67> 방재기상관측 자료 조회 및 다운로드 서비스 화면

<그림 68> 방재기상관측 자료 조회를 위한 검색조건

방재기상관측 자료 조회를 위해 지점은 전체를 선택하고, 요소는 기온(평균기온, 최고기온, 최저기온)을 선택하여 조회하면 10건만 표출된다. 전체 지점 데이터를 보기 위해, 내 컴퓨터로 CSV 또는 EXCEL 파일을 다운로드 한다.

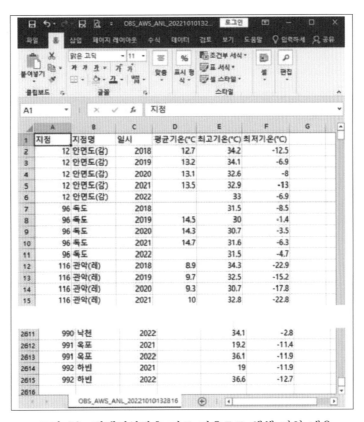

▪ 자료보기   CSV   Excel

※조회 결과는 10건만 표출 됩니다. 상세결과는 파일 다운로드를 이용해주세요

지점	시간	평균기온(℃)	최고기온(℃)	최저기온(℃)
안면도(감)(12)	2018	12.7	34.2	-12.5
안면도(감)(12)	2019	13.2	34.1	-6.9
안면도(감)(12)	2020	13.1	32.6	-8
안면도(감)(12)	2021	13.5	32.9	-13
안면도(감)(12)	2022		33	-6.9
독도(96)	2018		31.5	-8.5
독도(96)	2019	14.5	30	-1.4
독도(96)	2020	14.3	30.7	-3.5
독도(96)	2021	14.7	31.6	-6.3
독도(96)	2022		31.5	-4.7

<그림 69> 방재기상관측 자료 조회 결과 보기

<그림 70> 방재기상관측 자료 다운로드 엑셀 파일 내용

‘**기상자료개방포털**’은 ‘新기후평년값 상세조회서비스’를 통해 1991년부터 2020년까지 30년 평균값인 기후평년값을 제공하고 있다. 원하는 지점, 원하는 요소의 기후평년값을 조회하고 파일로 다운로드 받는 방법은 다음과 같다.

① ‘기상자료개방포털’ → ‘新기후평년값 상세조회서비스’ 선택

또는

① ‘新기후평년값 상세조회서비스’ 시작 화면 접속

https://data.kma.go.kr/normals/index.do

→ ② ‘**기후표**’ 선택 → ③ ‘**기후표**’ 서비스 화면으로 이동

https://data.kma.go.kr/normals/table.do

→ ④ 평년값, 기간, 종류, 지점, 요소 선택 후 조회

→ ⑤ 조회 결과 확인, 엑셀 파일 다운로드

‘**新기후평년값 상세조회서비스**’ 시작 화면은 다음과 같이 구성되어 있다. 왼쪽 메뉴(기후표, 기후도, 기후분석 등) 또는 중간 메뉴(기후표, 기후도, 기후분석 등)에서 ‘기후표’ 아이콘을 클릭하면, 기후평년값을 조회할 수 있는 화면으로 이동한다.

<그림 71> 기후평년값(1991~2020) 서비스 → 기후표 구성 내용

'평년값', '종류', '지점명', '요소명' 선택창은 다음과 같이 구성되어 있다. '평년값'은 30년 평균값과 10년 단위 평균값을 선택할 수 있다. '종류'는 일별, 월별, 계절별, 연별 평년값 선택이 가능하다. '기간'은 일별 평년값을 선택하면 활성화되고, 연 평년값을 선택하면 없어진다. '지점'은 총 17개(특별시(1), 광역시(6), 도(8), 특별자치도(1), 특별자치시(1))로 구분되어 있다. '요소'는 총 9종(해면기압, 기온, 풍속, 강수량, 상대습도, 수증기압, 구름양, 증발량, 일조)으로 구분되어 있다.

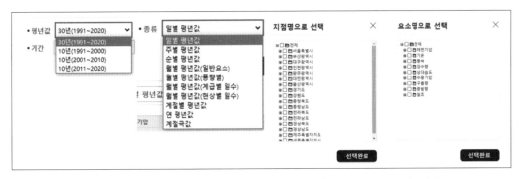

<그림 72> 기후표 '평년값, 종류, 지점, 요소' 선택 창별 구성 내용

71

'평년값'은 '30년(1991~2020)' 선택, '종류'는 '연 평년값' 선택, '지점'은 '전체' 선택, '요소'는 '기온'의 서브 메뉴 '평균 기온, 최고 기온, 최저 기온'을 모두 선택하여 조회하면, 조회 결과가 표 형태로 제시된다.

<그림 73> 지점, 요소 선택창

기후표에는 지점(지점번호, 지점명) 및 기온(평균기온, 최고기온, 최저기온) 30년(1991~2020) 연 평균값이 포함되어 있으며, 파일로 다운로드 할 수 있다.

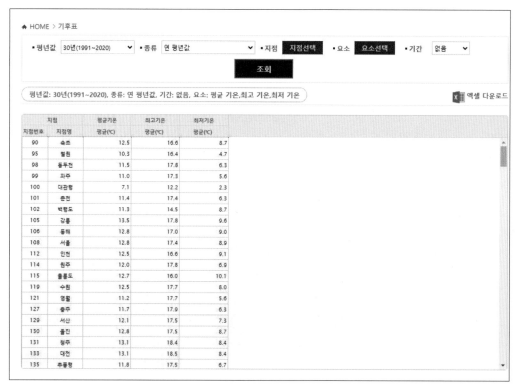

<그림 74> 전체 관측 지점의 기온 30년 연 평년값 조회 결과

내 컴퓨터에 저장된 엑셀 파일을 열어 보면, 처음 부분에 검색조건을 설명하는 행이 포함되어 있다. 나의 데이터로 대화형 통계지도를 만들기 위해서는 검색조건 설명 부분을 모두 삭제해야 한다.

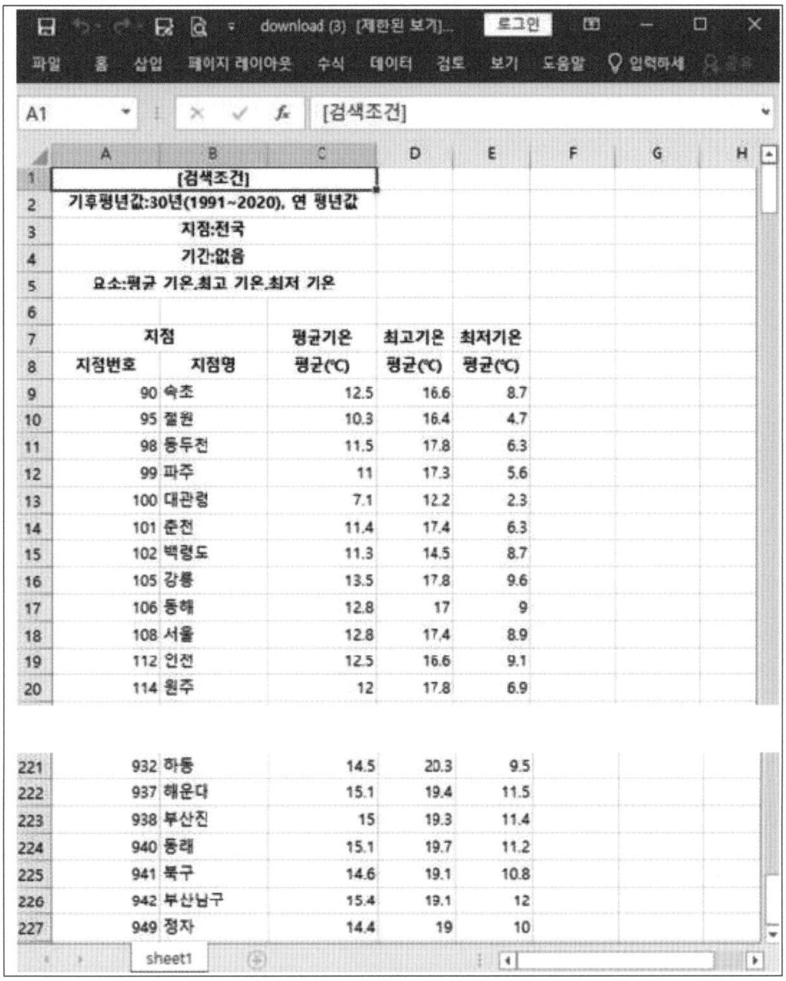

	A	B	C	D	E
1	[검색조건]				
2	기후평년값:30년(1991~2020), 연 평년값				
3	지점:전국				
4	기간:없음				
5	요소:평균 기온,최고 기온,최저 기온				
6					
7	지점		평균기온	최고기온	최저기온
8	지점번호	지점명	평균(℃)	평균(℃)	평균(℃)
9	90	속초	12.5	16.6	8.7
10	95	철원	10.3	16.4	4.7
11	98	동두천	11.5	17.8	6.3
12	99	파주	11	17.3	5.6
13	100	대관령	7.1	12.2	2.3
14	101	춘천	11.4	17.4	6.3
15	102	백령도	11.3	14.5	8.7
16	105	강릉	13.5	17.8	9.6
17	106	동해	12.8	17	9
18	108	서울	12.8	17.4	8.9
19	112	인천	12.5	16.6	9.1
20	114	원주	12	17.8	6.9
221	932	하동	14.5	20.3	9.5
222	937	해운대	15.1	19.4	11.5
223	938	부산진	15	19.3	11.4
224	940	동래	15.1	19.7	11.2
225	941	북구	14.6	19.1	10.8
226	942	부산남구	15.4	19.1	12
227	949	정자	14.4	19	10

<그림 75> 내 컴퓨터에 저장된 기후표 엑셀 파일 내용

SGIS 플러스는 '내 파일 업로드 하기'를 통해 읽어 들인 파일의 첫 행만 항목으로 인식하므로, 두 행으로 나뉘어 있는 것은 하나로 합쳐야 한다.

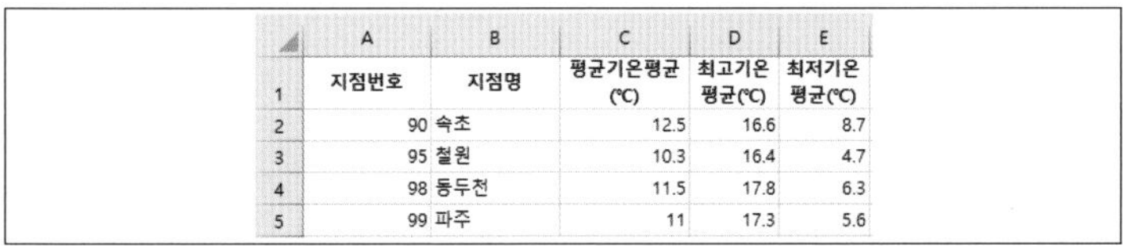

	A	B	C	D	E
1	지점번호	지점명	평균기온평균(℃)	최고기온평균(℃)	최저기온평균(℃)
2	90	속초	12.5	16.6	8.7
3	95	철원	10.3	16.4	4.7
4	98	동두천	11.5	17.8	6.3
5	99	파주	11	17.3	5.6

<그림 76> SGIS 플러스 이용을 위해 편집한 기후표 엑셀 파일

7

대화형 통계지도 만들기

7. 대화형 통계지도 만들기

대화형 통계지도 서비스 종류는 총 7종인데, 이 중 '**나의데이터**' 서비스를 이용하여 대화형 통계지도를 만드는 방법을 설명한다.

<그림 77> 통계지리정보서비스 중 대화형 통계지도 서비스 종류

앞서 기상청 '**기상자료개방포털**'을 통해 다운로드 하여 내 컴퓨터에 저장한 기상/기후 데이터와 통계청 '**통계지리정보서비스포털**'을 활용하여 '**기상/기후 데이터의 대화형 통계지도**' 작성하는 방법(맨 처음 사이트 검색에서부터 맨 마지막 작성한 통계지도 저장)을 순차적으로 설명하면 다음과 같다.

① 구글 검색창에 '**통계지리정보서비스**' 입력

→ ② 검색 목록에서 '**통계지리정보서비스-통계청**' 선택

→ ③ '**통계지리정보서비스**' 웹 사이트(포털)로 이동

https://sgis.kostat.go.kr/view/index

→ ④ 상단 메뉴바에서 '**회원가입**' 선택

<그림 78> 통계지리정보서비스 웹 사이트(포털) 시작 페이지 찾아가기

SGIS 플러스 회원가입 방법은 다음과 같다(설명 생략).

<그림 79> SGIS 플러스 웹 사이트 회원가입 방법

⑤ '로그인'하면, ⑥ 상단 메뉴바에, ⑦ '마이페이지'가 활성화된다.

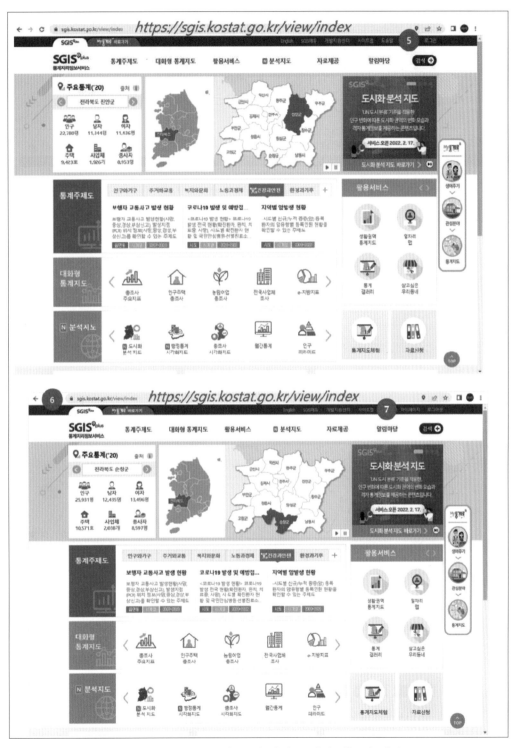

<그림 80> SGIS 플러스 웹 사이트 상단 메뉴바 항목

⑧ '**마이페이지 사용자 관리**' 페이지는 SGIS 이용에 따라 저장된 서비스 조회목록 및 업로드 데이터, 회원정보 등의 관리를 할 수 있다. 마이페이지 사용자 관리 서브 메뉴에는 '즐겨찾기', ⑨ '나의 데이터', '나의 인증키', '나의 소통지도'가 있다. 데이터 업로드 및 업로드 데이터 목록 조회는 '나의 데이터'를 통해 이루어진다. 회원가입 후 처음으로 '마이페이지 사용자 관리 → 나의 데이터'로 접속하면, 업로드 데이터가 없으므로 데이터 목록도 비어 있다.

<그림 81> SGIS 플러스 웹 사이트에 나의 데이터 업로드

'내 컴퓨터 파일 찾기'를 클릭하여, 내 컴퓨터에 저장되어 있는 파일 중에서 '강원도.xlsx' 파일을 선택하면, 파일찾기 검색창에 ① 업로드 데이터 파일명이 나타나고, 검색창 아래쪽에 ② 업로드 한 데이터가 나타난다.

<그림 82> 내 컴퓨터에 저장된 파일 목록

<그림 83> 통계지리정보서비스에 업로드 된 나의 데이터

③ 나의 데이터를 POI로 표출하기를 선택하고, ④ 주소 필드 선택에서는 ⑤ F열을 선택한다.

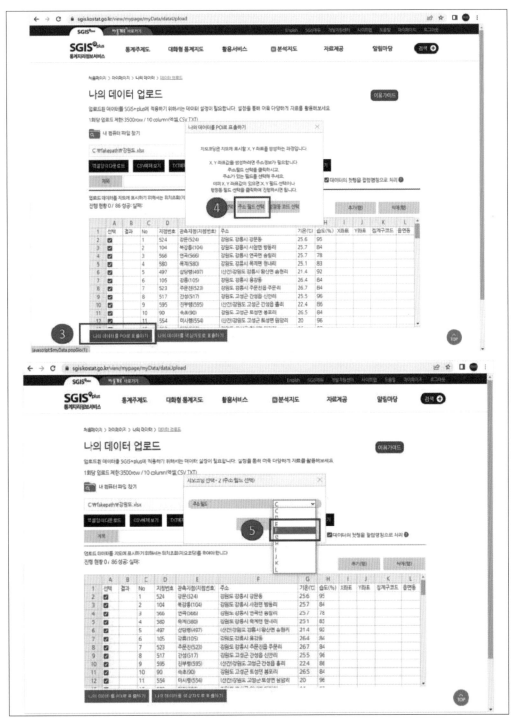

<그림 84> 나의 데이터를 POI로 표출하기

업로드 한 데이터를 지도에 표시하기 위해서는 ⑥ 위치조회(지오코딩)를 해야 한다. 주소 필드 정보가 부정확하면 ⑦ 지오코딩에 실패하여 X, Y 좌표값이 생성되지 않는다. 지오코딩을 성공하면 ⑧ 저장 후 편집이 가능하다.

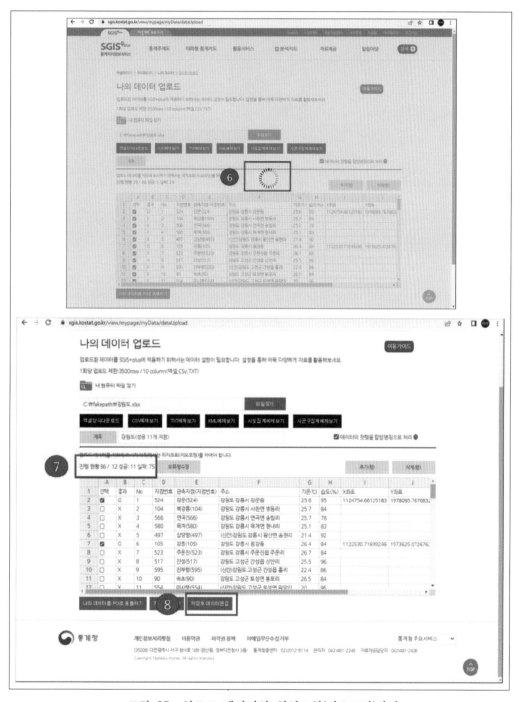

<그림 85> 업로드 데이터의 위치조회(지오코딩)하기

'나의 데이터를 색상지도로 표출하기'를 이용하여 지도표출설정을 변경하여 다양한 지도를 만들 수 있다. 데이터 시각화 적용 유형에는 위치표시, 열지도, 버블지도가 있다. 저장을 클릭하면 이미지(.png) 파일로 저장된다.

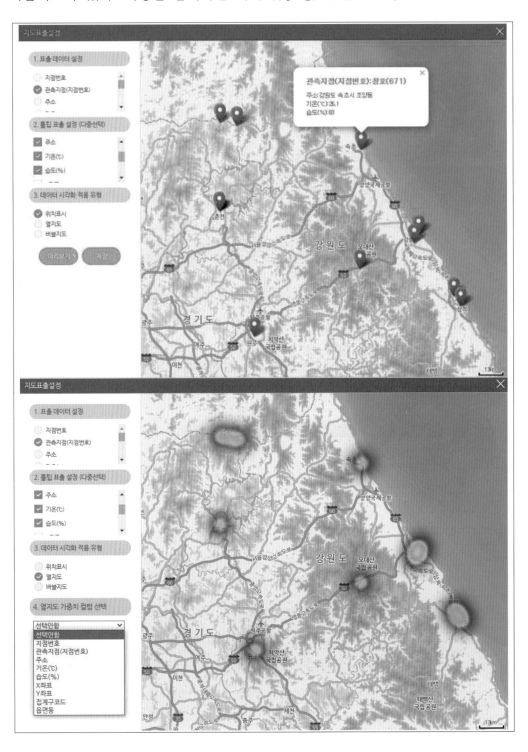

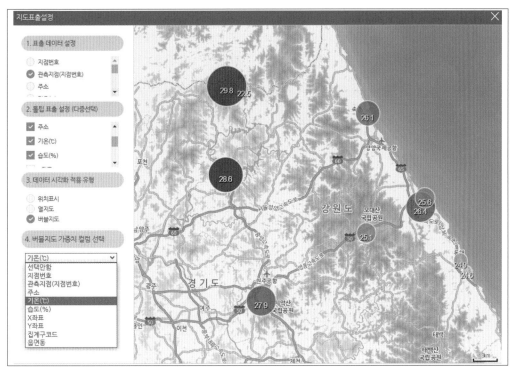

<그림 86> 데이터 시각화 적용 유형(위치표시, 열지도, 버블지도) 선택 결과 비교

'나의 데이터 목록'에서 ① 다운로드를 클릭하면 위치조회(지오코딩)한 결과를 ② EXCEL 또는 SHP 파일로 저장할 수 있다. 데이터 제목 아래에 ③ '지도보기'를 클릭하면, 지도표출설정 패널에서 저장한 이미지 파일이 나타난다.

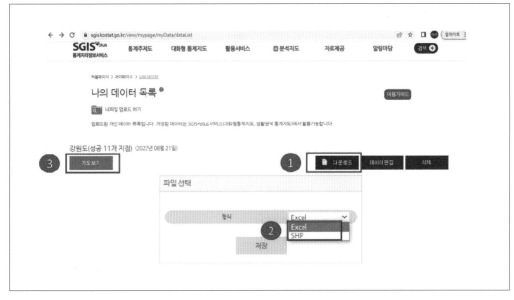

<그림 87> 지오코딩 결과 데이터 다운로드 및 지도 보기

'**나의 데이터 목록**'에서 ① 데이터 제목을 클릭하면, ② 대화형 통계지도가
나타난다. 내가 만든 '나의 대화형 통계지도'에서도 대화형 통계지도에서 제공
하는 서비스를 동일하게 이용할 수 있고, 편집도 자유롭다.

<그림 88> 나의 데이터로 만든 나의 대화형 통계지도

SGIS 플러스에서 기상자료개방포털에서 가져온 자료를 이용하여 지오코딩할 때 실패하는 지점을 해결하려면, 지점 주소를 법정동 주소로 바꾸면 된다.

번호	지점번호	(현)지점명	(현)주소 - 법정동 주소
1	90	속초	강원도 고성군 토성면 봉포리
2	93	북춘천	경기도 춘천시 신북읍
3	95	철원	강원도 철원군 갈말읍 군탄리
4	98	동두천	경기도 동두천시 생연동
5	99	파주	경기도 파주시 문산읍 운천리
6	100	대관령	강원도 평창군 대관령면 횡계리
7	101	춘천	강원도 춘천시 우두동
8	102	백령도	인천광역시 옹진군 백령면 연화리
9	104	북강릉	강원도 강릉시 사천면 방동리
10	105	강릉	강원도 강릉시 용강동
11	106	동해	강원도 동해시 용정동
12	108	서울	서울특별시 종로구 송월동
13	112	인천	인천광역시 중구 전동
14	114	원주	강원도 원주시 명륜동
15	115	울릉도	경상북도 울릉군 울릉읍 도동리
16	119	수원	경기도 수원시 권선구 서둔동
17	121	영월	강원도 영월군 영월읍 하송리
18	127	충주	충청북도 충주시 안림동
19	129	서산	충청남도 서산시 수석동
20	130	울진	경상북도 울진군 울진읍 연지리
21	131	청주	충청북도 청주시흥덕구 복대동
22	133	대전	대전광역시 유성구 구성동
23	135	추풍령	충청북도 영동군 추풍령면 관리
24	136	안동	경상북도 안동시 운안동
25	137	상주	경상북도 상주시 낙양동
26	138	포항	경상북도 포항시남구 송도동
27	140	군산	전라북도 군산시 내흥동
28	143	대구	대구광역시 동구 효목동
29	146	전주	전라북도 전주시덕진구 덕진동2가
30	152	울산	울산광역시 중구 북정동
31	155	창원	경상남도 창원시 마산합포구 가포동
32	156	광주	광주광역시 북구 운암동
33	159	부산	부산광역시 중구 대청동1가
34	162	통영	경상남도 통영시 정량동
35	165	목포	전라남도 목포시 연산동
36	168	여수	전라남도 여수시 중앙동
37	169	흑산도	전라남도 신안군 흑산면 예리
38	170	완도	전라남도 완도군 군외면 불목리
39	172	고창	전라북도 고창군 대산면 매산리
40	174	순천	전라남도 순천시 승주읍 평중리
41	177	홍성	충청남도 홍성군 홍북읍
42	184	제주	제주특별자치도 제주시 건입동
43	185	고산	제주특별자치도 제주시 한경면 고산리
44	188	성산	제주특별자치도 서귀포시 성산읍 신산리
45	189	서귀포	제주특별자치도 서귀포시 서귀동

46	192	진주	경상남도 진주시 평거동
47	201	강화	인천광역시 강화군 불은면 삼성리
48	202	양평	경기도 양평군 양평읍 양근리
49	203	이천	경기도 이천시 부발읍 신하리
50	211	인제	강원도 인제군 인제읍 남북리
51	212	홍천	강원도 홍천군 홍천읍 연봉리
52	216	태백	강원도 태백시 황지동
53	217	정선군	강원도 정선군 정선읍 북실리
54	221	제천	충청북도 제천시 신월동
55	226	보은	충청북도 보은군 보은읍 성주리
56	232	천안	충청남도 천안시 신방동
57	235	보령	충청남도 보령시 요암동
58	236	부여	충청남도 부여군 부여읍 가탑리
59	238	금산	충청남도 금산군 금산읍 아인리
60	239	세종	세종특별자치시 새롬동
61	243	부안	전라북도 부안군 행안면 역리
62	244	임실	전라북도 임실군 임실읍 이도리
63	245	정읍	전라북도 정읍시 상동
64	247	남원	전라북도 남원시 도통동
65	248	장수	전라북도 장수군 장수읍 선창리
66	251	고창군	전라북도 고창군 고창읍 덕산리
67	252	영광군	전라남도 영광군 군서면 만곡리
68	253	김해시	경상남도 김해시 부원동
69	254	순창군	전라북도 순창군 순창읍 교성리
70	255	북창원	경상남도 창원시 내동
71	257	양산시	경상남도 양산시 동면 금산리
72	258	보성군	전라남도 보성군 득량면 예당리
73	259	강진군	전라남도 강진군 강진읍 남포리
74	260	장흥	전라남도 장흥군 장흥읍 축내리
75	261	해남	전라남도 해남군 해남읍 남천리
76	262	고흥	전라남도 고흥군 고흥읍 행정리
77	263	의령군	경상남도 의령군 의령읍 무전리
78	264	함양군	경상남도 함양군 함양읍 용평리
79	266	광양시	전라남도 광양시 중동
80	268	진도군	전라남도 진도군 진도읍 남동리
81	271	봉화	경상북도 봉화군 춘양면 의양리
82	272	영주	경상북도 영주시 풍기읍 성내리
83	273	문경	경상북도 문경시 유곡동
84	276	청송군	경상북도 청송군 청송읍
85	277	영덕	경상북도 영덕군 영해면 성내리
86	278	의성	경상북도 의성군 의성읍 원당리
87	279	구미	경상북도 구미시 남통동
88	281	영천	경상북도 영천시 망정동
89	283	경주시	경상북도 경주시 탑동
90	284	거창	경상남도 거창군 거창읍 정장리
91	285	합천	경상남도 합천군 합천읍 합천리
92	288	밀양	경상남도 밀양시 내이동
93	289	산청	경상남도 산청군 산청읍 지리
94	294	거제	경상남도 거제시 신현읍 장평리
95	295	남해	경상남도 남해군 이동면 다정리

SGIS 플러스를 이용하면 주소가 읍면동 주소로 재정비된다.

번호	지점명	지점번호	지점 주소
1	속초	90	강원도_고성군_토성면
2	북춘천	93	강원도_춘천시_신북읍
3	철원	95	강원도_철원군_갈말읍
4	동두천	98	경기도_동두천시_불현동
5	파주	99	경기도_파주시_문산읍
6	대관령	100	강원도_평창군_대관령면
7	춘천	101	강원도_춘천시_신사우동
8	백령도	102	인천광역시_옹진군_백령면
9	북강릉	104	강원도_강릉시_사천면
10	강릉	105	강원도_강릉시_중앙동
11	동해	106	강원도_동해시_송정동
12	서울	108	서울특별시_종로구_사직동
13	인천	112	인천광역시_중구_동인천동
14	원주	114	강원도_원주시_명륜1동
15	울릉도	115	경상북도_울릉군_울릉읍
16	수원	119	경기도_수원시 권선구_서둔동
17	영월	121	강원도_영월군_영월읍
18	충주	127	충청북도_충주시_교현·안림동
19	서산	129	충청남도_서산시_수석동
20	울진	130	경상북도_울진군_울진읍
21	청주	131	충청북도_청주시 흥덕구_복대1동
22	대전	133	대전광역시_유성구_온천2동
23	추풍령	135	충청북도_영동군_추풍령면
24	안동	136	경상북도_안동시_평화동
25	상주	137	경상북도_상주시_신흥동
26	포항	138	경상북도_포항시 남구_송도동
27	군산	140	전라북도_군산시_구암동
28	대구	143	대구광역시_동구_효목1동
29	전주	146	전라북도_전주시 덕진구_덕진동
30	울산	152	울산광역시_중구_약사동
31	창원	155	경상남도_창원시 마산합포구_가포동
32	광주	156	광주광역시_북구_운암2동
33	부산	159	부산광역시_중구_대청동
34	통영	162	경상남도_통영시_정량동
35	목포	165	전라남도_목포시_연산동
36	여수	168	전라남도_여수시_중앙동
37	흑산도	169	전라남도_신안군_흑산면
38	완도	170	전라남도_완도군_군외면
39	고창	172	전라북도_고창군_대산면
40	순천	174	전라남도_순천시_승주읍
41	홍성	177	충청남도_홍성군_홍북읍
42	제주	184	제주특별자치도_제주시_일도1동
43	고산	185	제주특별자치도_제주시_한경면
44	성산	188	제주특별자치도_서귀포시_성산읍
45	서귀포	189	제주특별자치도_서귀포시_정방동

46	진주	192	경상남도_진주시_판문동
47	강화	201	인천광역시_강화군_불은면
48	양평	202	경기도_양평군_양평읍
49	이천	203	경기도_이천시_부발읍
50	인제	211	강원도_인제군_인제읍
51	홍천	212	강원도_홍천군_홍천읍
52	태백	216	강원도_태백시_황지동
53	정선군	217	강원도_정선군_정선읍
54	제천	221	충청북도_제천시_용두동
55	보은	226	충청북도_보은군_보은읍
56	천안	232	충청남도_천안시_동남구_병천면
57	보령	235	충청남도_보령시_대천5동
58	부여	236	충청남도_부여군_부여읍
59	금산	238	충청남도_금산군_금산읍
60	세종	239	세종특별자치시_새롬동
61	부안	243	전라북도_부안군_행안면
62	임실	244	전라북도_임실군_임실읍
63	정읍	245	전라북도_정읍시_상교동
64	남원	247	전라북도_남원시_도통동
65	장수	248	전라북도_장수군_장수읍
66	고창군	251	전라북도_고창군_고창읍
67	영광군	252	전라남도_영광군_군서면
68	김해시	253	경상남도_김해시_부원동
69	순창군	254	전라북도_순창군_순창읍
70	북창원	255	경상남도_창원시_성산구_중앙동
71	양산시	257	경상남도_양산시_동면
72	보성군	258	전라남도_보성군_득량면
73	강진군	259	전라남도_강진군_강진읍
74	장흥	260	전라남도_장흥군_장흥읍
75	해남	261	전라남도_해남군_해남읍
76	고흥	262	전라남도_고흥군_고흥읍
77	의령군	263	경상남도_의령군_의령읍
78	함양군	264	경상남도_함양군_함양읍
79	광양시	266	전라남도_광양시_중마동
80	진도군	268	전라남도_진도군_진도읍
81	봉화	271	경상북도_봉화군_춘양면
82	영주	272	경상북도_영주시_풍기읍
83	문경	273	경상북도_문경시_점촌4동
84	청송군	276	경상북도_청송군_청송읍
85	영덕	277	경상북도_영덕군_영해면
86	의성	278	경상북도_의성군_의성읍
87	구미	279	경상북도_구미시_선주원남동
88	영천	281	경상북도_영천시_동부동
89	경주시	283	경상북도_경주시_황남동
90	거창	284	경상남도_거창군_거창읍
91	합천	285	경상남도_합천군_합천읍
92	밀양	288	경상남도_밀양시_내이동
93	산청	289	경상남도_산청군_산청읍
94	거제	294	경상남도_거제시_장평동
95	남해	295	경상남도_남해군_이동면

기상청 지상기상관측 통계자료인 기상연보와 통계청 **SGIS 플러스**를 이용해, 우리나라 전체 및 지역의 기온변화를 보여 주는 대화형 통계지도 작성 과정을 순서대로 정리하면 다음과 같다.

순서	수행내용
기상청 기상자료개방포털 *https://data.kma.go.kr/cmmn/main.do*	
1	기상청 기상자료개방포털 접속
2	상단 메뉴바에서 '간행물' 선택
3	간행물 메뉴창에서 '지상' 선택
4	검색조건 구분에서 '기상연보' 선택
5	기상연보 목록에서 '2021년 엑셀' 파일 선택, 내 컴퓨터로 다운로드
6	2021년 기상연보 엑셀 파일에서 '연요약자료1' 시트 선택
7	연요약자료1 시트에서 '기온, 기압, 강수일수' 요소 선택, 편집
8	편집된 파일에 'SGIS 플러스 생성 읍면동 주소' 추가
통계청 통계지리정보서비스 플러스 *https://sgis.kostat.go.kr/view/index*	
9	통계청 통계지리정보서비스 접속
10	상단 메뉴바에서 '로그인' 선택
11	ONE-ID 통합로그인 창에서 '아이디', '비밀번호' 입력하여 로그인
12	상단 메뉴바에 새로 나타난 '마이페이지' 선택
13	마이페이지 사용자 관리 창에서 '나의 데이터' 선택
14	나의 데이터 목록 창에서 '내파일 업로드 하기' 선택
15	나이 데이터 업로드 창에서 '내 컴퓨터 파일 찾기' 선택
16	열기 창에서 업로드 할 '파일' 선택
17	업로드 진행 현황 확인
18	업로드 완료 후 '나의 데이터를 POI로 표출하기' 선택
19	나의 데이터를 POI로 표출하기 창에서 '주소 필드' 선택
20	주소 필드 창에서 주소가 있는 'F' 열 선택
21	위치조회결과 열에서 성공 여부 확인
22	위치조회 완료 후 나타나는 '저장 후 데이터 편집' 선택
23	새 이름으로 저장 창에 '저장 파일 이름' 입력한 후 '저장' 선택
24	나의 데이터 설정 창에서 '목록보기' 선택
25	나의 데이터 목록 창에서 '저장 파일 이름' 아래 '지도보기' 선택
26	나의 데이터 설정 창에서 '지도표출설정' 선택
27	지도표출설정 창에서 1번, 2번, 3번, 4번 각 설정 항목 선택
28	나의 데이터 목록 창에서 '저장 파일 이름' 선택
29	대화형 통계 지도로 이동한 것 확인
30	대화형 통계 지도에 데이터 보드에서 조회 방식, 데이터 표출 정보 선택
31	대화형 통계 지도의 지표 선택 항목에서 '의료' 선택
32	대화형 통계 지도의 '의료' 지표 선택 항목에서 '병원' 선택
33	대화형 통계 지도의 임의 지점을 클릭해서 '병원' 확인
34	대화형 통계 지두의 설정 항목에서 '다중 면적' 선택
35	대화형 통계 지도 위에 다각형 선택하여 '총 면적' 확인
36	대화형 통계 지도 상단 우측 메뉴에서 '보고서' 아이콘 선택
37	보고서 창으로 이동 및 보고서 내용 구성 확인
38	보고서 창 상단 메뉴바에서 'PDF' 선택
39	내 컴퓨터로 'PDF' 파일 다운로드 과정 확인
40	내 컴퓨터에 저장된 'PDF' 파일 확인

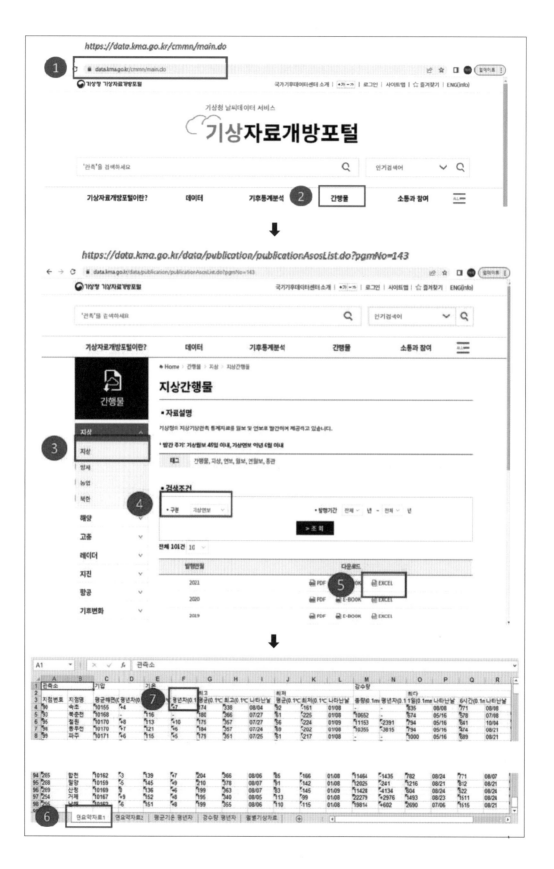

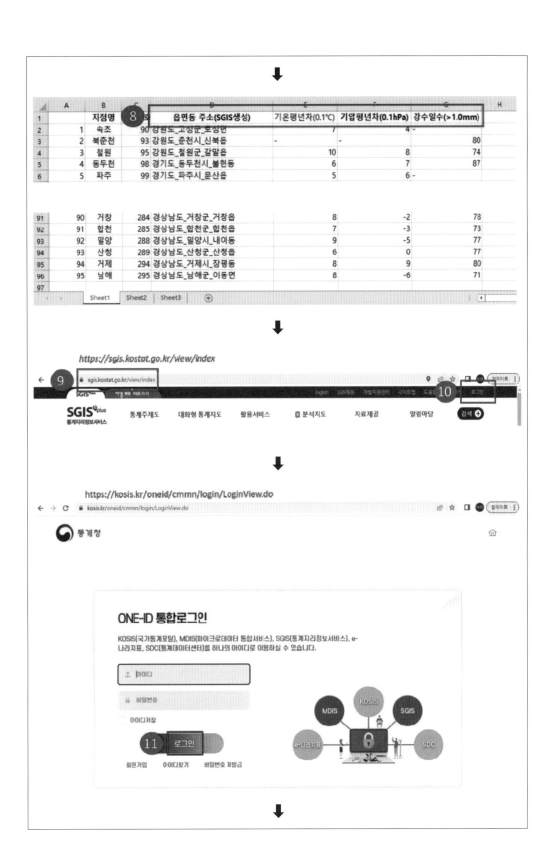

https://sgis.kostat.go.kr/view/index

https://kosis.kr/oneid/cmmn/login/LoginView.do

ONE-ID 통합로그인

KOSIS(국가통계포털), MDIS(마이크로데이터 통합서비스), SGIS(통계지리정보서비스), e-나라지표, SDC(통계데이터센터)를 하나의 아이디로 이용하실 수 있습니다.

아이디

비밀번호

아이디저장

로그인

회원가입   아이디찾기   비밀번호 재발급

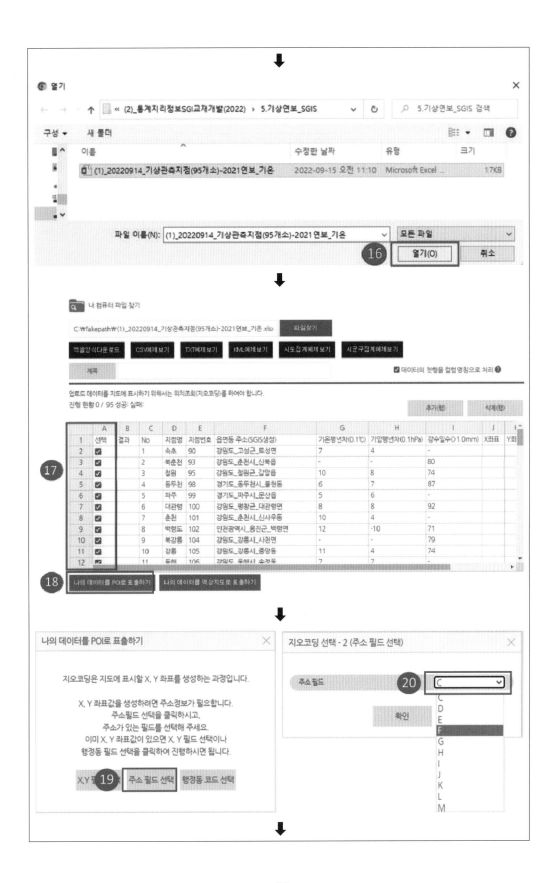

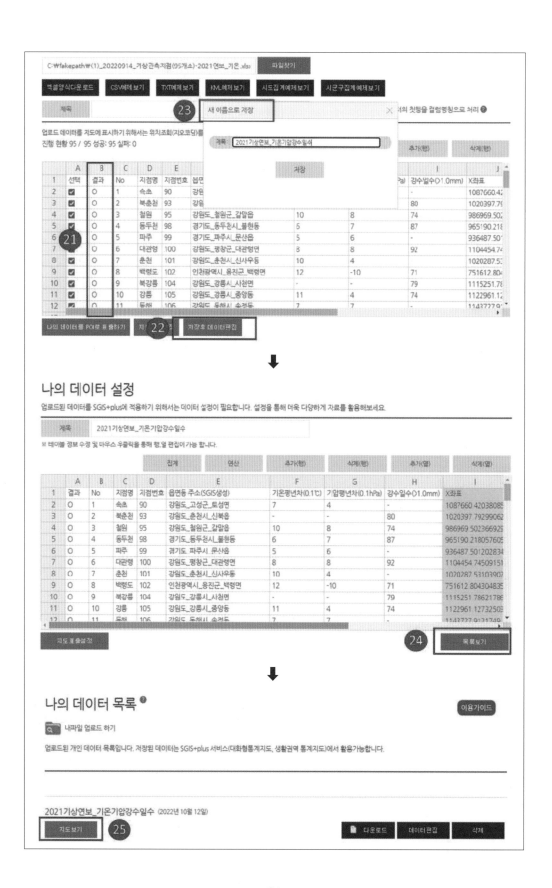

나의 데이터 설정

업로드된 데이터를 SGIS+plus에 적용하기 위해서는 데이터 설정이 필요합니다. 설정을 통해 더욱 다양하게 자료를 활용해보세요.

| 제목 | 2021기상연보_기온기압강수일수 |

※ 데이블 정보 수정 및 마우스 우클릭을 통해 행.열 편집이 가능 합니다.

| 집계 | 연산 | 추가(행) | 삭제(행) | 추가(열) | 삭제(열) |

	A	B	C	D	E	F	G	H	I
1	결과	No	지점명	지점번호	읍면동 주소(SGIS생성)	기온평년차(0.1℃)	기압평년차(0.1hPa)	강수일수(>1.0mm)	X좌표
2	O	1	속초	90	강원도_고성군_토성면	7	4	-	1087660.42038085
3	O	2	북춘천	93	강원도_춘천시_신북읍	-	-	80	1020397.79299062
4	O	3	철원	95	강원도_철원군_갈말읍	10	8	74	986969.50236692S
5	O	4	동두천	98	경기도_동두천시_불현동	6	7	87	965190.21805760S
6	O	5	파주	99	경기도_파주시_문산읍	5	6	-	936487.501202834
7	O	6	대관령	100	강원도_평창군_대관령면	8	8	92	1104454.74509151
8	O	7	춘천	101	강원도_춘천시_신사우동	10	4	-	1020287.93103907
9	O	8	백령도	102	인천광역시_옹진군_백령면	12	-10	71	751612.804304839
10	O	9	북강릉	104	강원도_강릉시_사천면	-	-	79	1115251.7862178€
11	26	10	강릉	105	강원도_강릉시_중앙농	11	4	74	1122961.12732503
12		11	동해	106	강원도_동해시_송정동	7	7	-	1143737.9121749

| 지도표출설정 | | 복 원보기 |

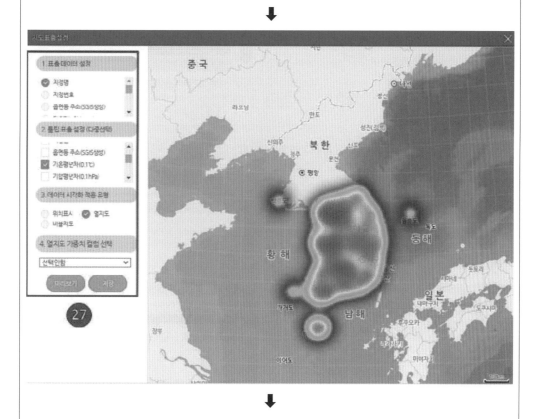

나의 데이터 목록 [❓]

이용가이드

📁🔍 내파일 업로드 하기

업로드된 개인 데이터 목록입니다. 저장된 데이터는 SGIS+plus 서비스(대화형통계지도, 생활권역 통계지도)에서 활용가능합니다.

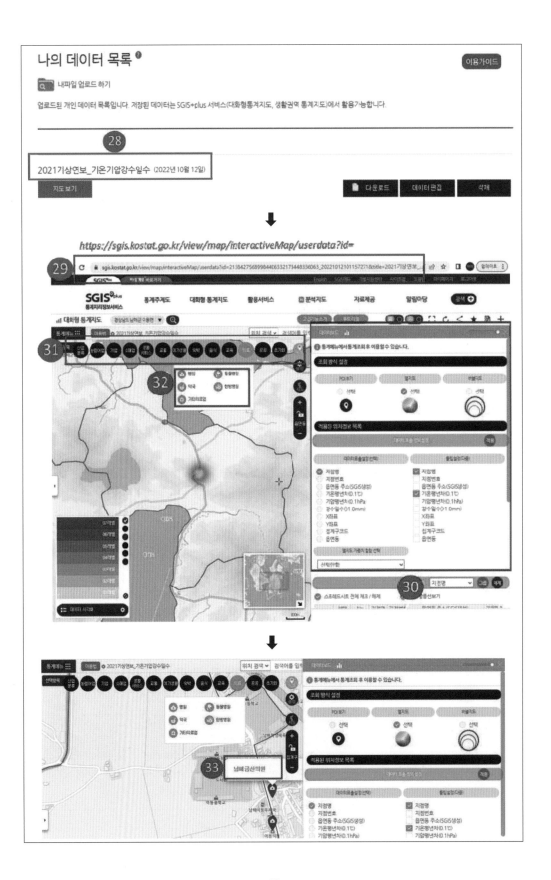

98

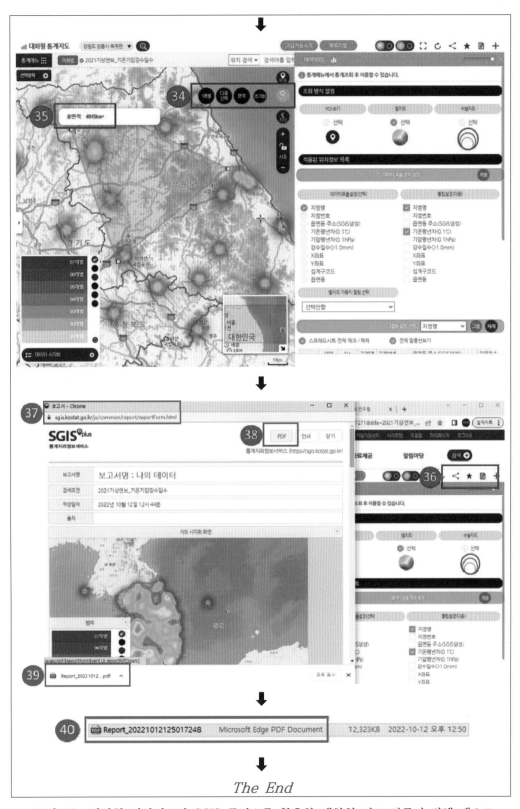

The End

<그림 89> 기상청 기상연보와 SGIS 플러스를 활용한 대화형 지도 만들기 전체 개요도

8

기후 통계지도 만들기

8. 기후 통계지도 만들기

기상법 제2조(정의)에 따르면 **기상(weather)**은 대기의 여러 현상을 말하고, **기후(climate)**는 일정 기간의 특정 지역에서의 기상현상의 평균상태를 말한다. 세계기상기구(World Meteorological Organization, WMO)[1])에서는 평균상태를 산출하는 기간으로 30년을 권고하고 있다.

제2조(정의)이 법에서 사용하는 용어의 뜻은 다음과 같다.<개정 2011. 9. 30., 2014. 1. 21., 2017. 4. 18.>
1. **"기상"(氣象)이란 대기의 여러 현상을 말한다.**
2. "지상"(地象)이란 기상과 밀접한 관련이 있는 지면 또는 지중에서 일어나는 여러 현상을 말한다.
2의2. 삭제<2014. 1. 21.>
3. "수상"(水象)이란 기상 또는 지상과 밀접한 관련이 있는 내륙의 하천, 호수 또는 해양에서 일어나는 여러 현상을 말한다.
3의2. 삭제<2014. 1. 21.>
4. "기상현상"이란 다음 각 목의 현상을 말한다.
　가. 기상
　나. 지상
　다. 수상
　라. 대기권 밖의 여러 현상이 기상, 지상 및 수상에 미치는 현상
4의2. "해양기상"이란 해양 위의 대기와 해양의 상호작용으로 나타나는 기상현상을 말한다.
4의3. "항공기상"이란 항공기의 운항에 영향을 미치는 기상현상을 말한다.
5. "기상관측"이란 기상현상을 과학적 방법으로 관찰·측정하는 것을 말한다.
6. **"기후"란 일정 기간 특정 지역에서의 기상현상의 평균상태를 말한다.**
7. "기후변화"란 인간 활동이나 자연적인 요인으로 기상현상이 평균상태를 벗어나 상당기간 지속되는 것을 말한다.

우리나라 기후 통계지도는 기상청이 만들어서 기상자료개방포털[2])을 통해 제공하는 **新기후평년값(1991~2020)**을 이용해 만들 수 있다. 기후평년값(climate normals)은 현재 기상과 비교하거나 기후변화를 예측하는 데 사용된다.

기후평년값은 '0'으로 끝나는 해 기준으로 직전 30년간의 누년평균값[3])으로 산출한다. 2021년부터 기상청이 제공하고 있는 기후평년값은 2020년 기준으로 직전 30년간(1991년~2020년) 누년평균값으로 산출한 것이다. 현재의 기후평년값은 2030년까지 10년간 사용될 것이다. 2011년부터 10년간(2011년~2020년)은 2010년 기준으로 직전 30년간(1981년~2010년) 기후평년값이 사용되었고, 다음 2031년부터 10년간(2031년~2040년)은 2030년 기준으로 직전 30년간(2001년~2030년) 기후평년값이 사용될 것이다.

---

1) 세계기상기구 https://community.wmo.int/wmo-climatological-normals
2) 기상자료개방포털 https://data.kma.go.kr/cmmn/main.do
3) 누년평균값(normals)은 수년 동안의 기간에 대해서 평균한 값을 뜻함

기후 통계지도 작성에 필요한 기후평년값은 **기상자료개방포털** 시작 페이지에서 '**新기후평년값(1991~2020) 상세 조회 서비스**'를 거쳐서 '**기후표**'로 이동, 기상청이 제공하고 있는 기후평년값을 엑셀 파일로 다운로드 받을 수 있다.

① '**기상자료개방포털**' 웹 사이트 시작 페이지 접속

https://data.kma.go.kr/cmmn/main.do

→ ② '**新기후평년값 상세 조회 서비스**' 클릭

→ ③ 新기후평년값 데이터 제공 페이지로 이동

https://data.kma.go.kr/normals/index.do

→ ④ '**기후표**' 클릭

→ ⑤ 기후평년값 데이터 제공 페이지로 이동

https://data.kma.go.kr/normals/table.do

→ ⑥ 데이터 종류(일별, 주별, 순별, 월별, 계절별, 연 평균값) 선택

→ ⑦ 조회 버튼 클릭 → ⑧ 엑셀 파일 다운로드

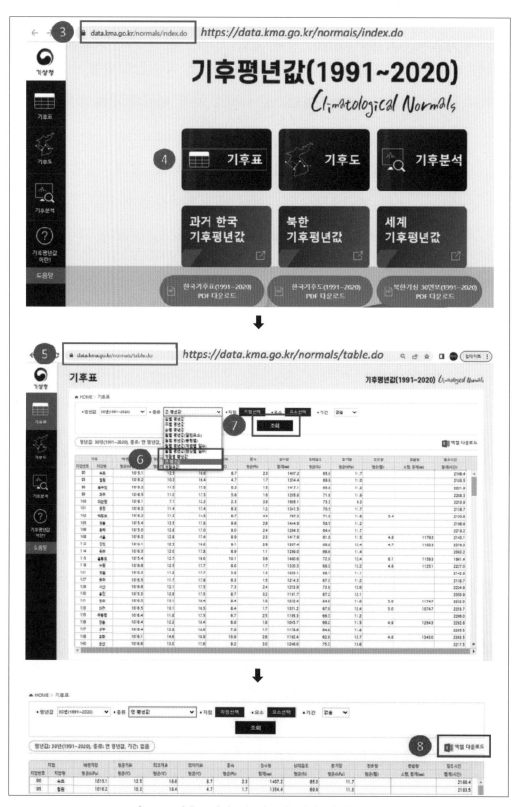

<그림 90> 기후표에서 연 평균값 엑셀 파일 다운로드

다운로드 받은 엑셀 파일의 상단 1행~5행에는 검색 조건이 설명되어 있고, 7행~8행에는 지점(지점번호, 지점명)과 11개 기후 요소명(해면기압평균(hPa), 평균기온평균(℃), 최고기온평균(℃), 최저기온평균(℃), 풍속평균(m/s), 강수량합계(mm), 상대습도평균(%), 증기압평균(hPa), 전운량평균(할), 증발량합계(mm), 일조시간합계(시간))이 나열되어 있다. 9행~227행에는 219개 기후관측 지점별로 11개 요소의 기후평년값이 들어 있다.

SGIS **플러스**로 지도를 만들려면 '**나의 데이터**'로 파일을 불러들여야 한다. 이때, 1행~6행은 삭제하고, 7행~8행은 합치고, **지오코딩**4)에 필요한 지점 주소 열은 추가되어 있어야 한다. **법정동**5) 또는 **행정동**6) 주소 모두 사용 가능하다.

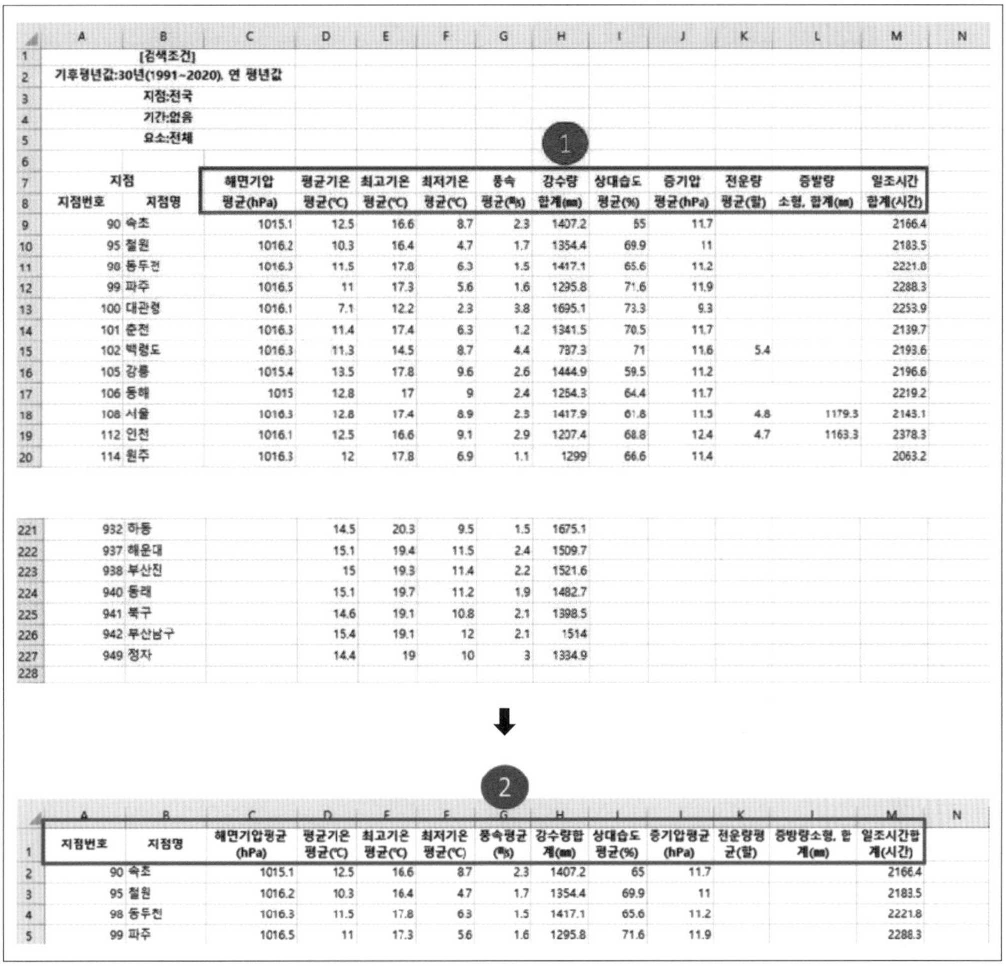

	A	B	C	D	E	F	G	H	I	J	K	L	M
1		[검색조건]											
2	기후평년값:30년(1991~2020), 연 평년값												
3		지점:전국											
4		기간:없음											
5		요소:전체											
6													
7	지점		해면기압	평균기온	최고기온	최저기온	풍속	강수량	상대습도	증기압	전운량	증발량	일조시간
8	지점번호	지점명	평균(hPa)	평균(℃)	평균(℃)	평균(℃)	평균(㎧)	합계(㎜)	평균(%)	평균(hPa)	평균(할)	소형, 합계(㎜)	합계(시간)
9	90	속초	1015.1	12.5	16.6	8.7	2.3	1407.2	65	11.7			2166.4
10	95	철원	1016.2	10.3	16.4	4.7	1.7	1354.4	69.9	11			2183.5
11	98	동두천	1016.3	11.5	17.8	6.3	1.5	1417.1	65.6	11.2			2221.8
12	99	파주	1016.5	11	17.3	5.6	1.6	1295.8	71.6	11.9			2288.3
13	100	대관령	1016.1	7.1	12.2	2.3	3.8	1695.1	73.3	9.3			2253.9
14	101	춘천	1016.3	11.4	17.4	6.3	1.2	1341.5	70.5	11.7			2139.7
15	102	백령도	1016.3	11.3	14.5	8.7	4.4	787.3	71	11.6	5.4		2193.6
16	105	강릉	1015.4	13.5	17.8	9.6	2.6	1444.9	59.5	11.2			2196.6
17	106	동해	1015	12.8	17	9	2.4	1254.3	64.4	11.7			2219.2
18	108	서울	1016.3	12.8	17.4	8.9	2.3	1417.9	61.8	11.5	4.8	1179.3	2143.1
19	112	인천	1016.1	12.5	16.6	9.1	2.9	1207.4	68.8	12.4	4.7	1163.3	2378.3
20	114	원주	1016.3	12	17.8	6.9	1.1	1299	66.6	11.4			2063.2
221	932	하동		14.5	20.3	9.5	1.5	1675.1					
222	937	해운대		15.1	19.4	11.5	2.4	1509.7					
223	938	부산진		15	19.3	11.4	2.2	1521.6					
224	940	동래		15.1	19.7	11.2	1.9	1482.7					
225	941	북구		14.6	19.1	10.8	2.1	1398.5					
226	942	부산남구		15.4	19.1	12	2.1	1514					
227	949	정자		14.4	19	10	3	1334.9					
228													

	A	B	C	D	E	F	G	H	I	J	K	L	M
1	지점번호	지점명	해면기압평균(hPa)	평균기온평균(℃)	최고기온평균(℃)	최저기온평균(℃)	풍속평균(㎧)	강수량합계(㎜)	상대습도평균(%)	증기압평균(hPa)	전운량평균(할)	증발량소형, 합계(㎜)	일조시간합계(시간)
2	90	속초	1015.1	12.5	16.6	8.7	2.3	1407.2	65	11.7			2166.4
3	95	철원	1016.2	10.3	16.4	4.7	1.7	1354.4	69.9	11			2183.5
4	98	동두천	1016.3	11.5	17.8	6.3	1.5	1417.1	65.6	11.2			2221.8
5	99	파주	1016.5	11	17.3	5.6	1.6	1295.8	71.6	11.9			2288.3

<그림 91> 기상자료개방포털에서 다운로드 받은 엑셀 파일(위: 원본, 아래: 편집)

4) 지오코딩은 업로드 데이터를 지도에 표시하기 위해서는 위치조회를 하는 것
5) 법정동은 토지에 대한 개인의 권리, 의무 및 법률 행위 시 사용되는 동 명칭
6) 행정동은 주민의 편의와 행정능률을 위해 인구규모를 기준으로 주민센터를 설치, 운영하는 동 명칭

엑셀 파일의 열(컬럼) 개수가 10개를 초과하면 **SGIS 플러스 '나의 데이터 업로드'**를 통해 불러올 수 없다. 열 개수를 줄인 후 파일을 다시 선택한다.

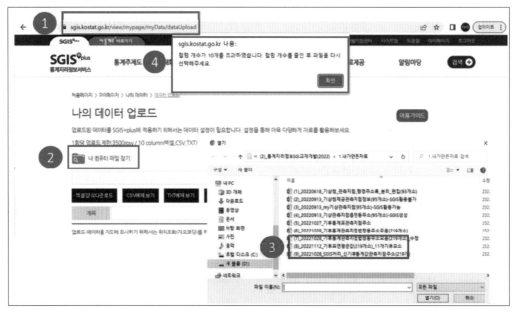

<그림 92> SGI 플러스 나의 데이터 업로드

다운로드 받은 후 편집하는 대신, **기상자료개방포털 기후표**에서 지점명과 요소명을 선택하여 열 개수를 10개 이내로 축소해서 다운로드 받을 수 있다.

<그림 93> 기상자료개방포털 기후표에서 선택 가능한 지점명 및 요소명 종류

'**지점명**' 선택 창에서 '강원도'를 선택하면 하부 지점으로 속초(90), 철원(95), 대관령(100), 춘천(101), 강릉(105), 동해(106), 원주(114), 영월(121), 인제(211), 홍천(212), 태백(216), 정선군(217), 간성(517), 평창(526), 횡성(536), 화천(555), 양구(556), 진부령(595), 양양(670), 사북(674), 삼척(876), 총 21개 지점이 선택된다. '**요소명**' 선택 창에서 '기온'을 선택하면, 하부 요소로 평균기온, 최고기온, 최저기온, 총 3개가 선택된다.

<그림 94> 기상자료개방포털 기후표에서 지점(강원도) 및 요소(기온) 선택

지점명과 요소명을 선택하여 다운로드 받은 파일의 내용은 다음과 같다.

	지점		평균기온	최고기온	최저기온
지점번호		지점명	평균(℃)	평균(℃)	평균(℃)
	90	속초	12.5	16.6	8.7
	95	철원	10.3	16.4	4.7
	670	양양	12.8	17.1	8.7
	674	사북	8.6	13.6	4.2
	876	삼척	13.3	17.6	9.5

[검색조건]
기후평년값:30년(1991~2020), 연 평년값
지점:속초 (90),철원 (95),대관령 (100),춘천 (101),강릉 (105),동해 (106),원주 (114),영월 (121),인제 (211),홍천 (212),태백 (216),정선군 (217),간성 (517),평창 (526),횡성 (536),화천 (555),양구 (556),진부령 (595),양양 (670),사북 (674),삼척 (876)
기간:없음
요소:평균 기온,최고 기온,최저 기온

<그림 95> 지점과 요소를 선택하여 다운로드 받은 기후평년값 파일(원본)

지역과 요소를 선택, 다운로드 받은 파일의 상단 1행~5행에는 검색 조건이 설명되어 있다. 7행~8행에는 선택한 지역에 포함된 지점(지점번호, 지점명)과 선택한 요소(평균기온평균(℃), 최고기온평균(℃), 최저기온평균(℃)) 3종만 나열되어 있다. 강원도에는 21개 지점만 포함되기 때문에, 9행~29행에는 21개 지점에 대해 기온 기후평년값 3종만 들어 있다.

SGIS 플러스에서 '**나의 데이터**'를 통해 파일을 불러들이기 전에 1행~6행은 삭제하고, 7행~8행은 합치고, 지점 주소 열을 추가한다. 다음은 읍면동 주소를 추가하여 편집이 완료된 파일의 내용이다.

	A	B	C	D	E	F
1	지점번호	지점명	주소(읍면동)	평균기온평균(℃)	최고기온평균(℃)	최저기온평균(℃)
2	90	속초	강원도_고성군_토성면	12.5	16.6	8.7
3	95	철원	강원도_철원군_갈말읍	10.3	16.4	4.7
4	100	대관령	강원도_평창군_대관령면	7.1	12.2	2.3
5	101	춘천	강원도_춘천시_신사우동	11.4	17.4	6.3
6	105	강릉	강원도_강릉시_사천면	13.5	17.8	9.6
7	106	동해	강원도_동해시_송정동	12.8	17	9
8	114	원주	강원도_원주시_명륜1동	12	17.8	6.9
9	121	영월	강원도_영월군_영월읍	11.2	17.7	5.6
10	211	인제	강원도_인제군_인제읍	10.4	16.7	5
11	212	홍천	강원도_홍천군_홍천읍	10.8	17.7	5.3
12	216	태백	강원도_태백시_황지동	9	14.6	4
13	217	정선군	강원도_정선군_정선읍	10.7	17.1	5.7
14	517	간성	강원도_고성군_간성읍	12	16.6	7.5
15	526	평창	강원도_평창군_평창읍	10.2	16.8	4.7
16	536	횡성	강원도_횡성군_횡성읍	11.1	18	5.5
17	555	화천	강원도_화천군_하남면	10.5	17.7	4.9
18	556	양구	강원도_양구군_양구읍	10	17.3	4.5
19	595	진부령	강원도_고성군_간성읍	8.7	13.6	4.5
20	670	양양	강원도_양양군_양양읍	12.8	17.1	8.7
21	674	사북	강원도_정선군_사북읍	8.6	13.6	4.2
22	876	삼척	강원도_삼척시_교동	13.3	17.6	9.5

<그림 96> 지점과 요소를 선택하여 다운로드 받은 기후평년값 파일(편집)

공공데이터포털을 통해 기상청 관측지점정보(주소 포함)를 획득할 수 있다.

<그림 97> 공공데이터포털에서 제공하는 기상청 관측지점정보

바로가기는 **기상자료개방포털**로 연결되는데, 데이터 메뉴에서 메타데이터를 선택하고, 검색조건을 선택하고 조회하여 지점주소를 파일로 획득할 수 있다.

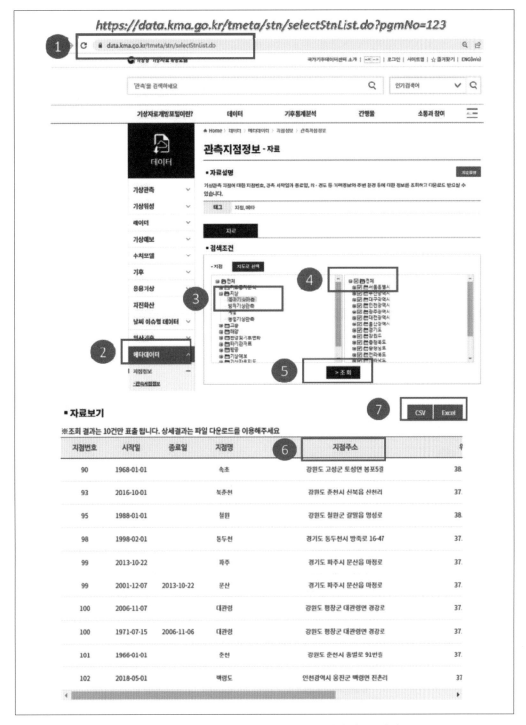

<그림 98> 관측지점정보 메타데이터-종관기상관측 지점 주소

주소가 있는 경우와 없는 경우의 대화형 통계지도 작성 과정을 비교하면 다음과 같다. 먼저, '**주소가 없는 경우**'의 예이다. 1단계로 ①, ② SGIS 플러스 대화형 통계지도 → ③, ④, ⑤ 나의 데이터 → ⑥, ⑦ 로그인 → ⑧, ⑨ 나의 데이터 목록 순서로 이동한다.

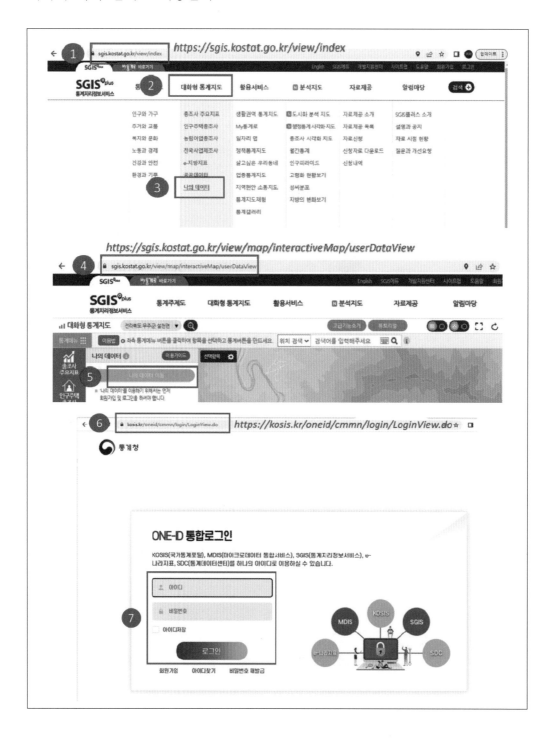

<그림 99> SGIS 플러스 나의 데이터 목록으로 이동하기

2단계로, ①, ② '내 컴퓨터 파일 찾기' '파일찾기' 선택 → ③ 내 컴퓨터 '열기' 창에서 업로드 대상 '파일' 선택 → ④, ⑤ '나의 데이터 업로드' 진행 결과 확인 → ⑥ '나의 데이터를 POI로 표출하기' 선택 → ⑦, ⑧ '주소 필드 선택' 선택 → ⑨ 지오코딩 결과 실패(X) 확인 순서로 진행한다.

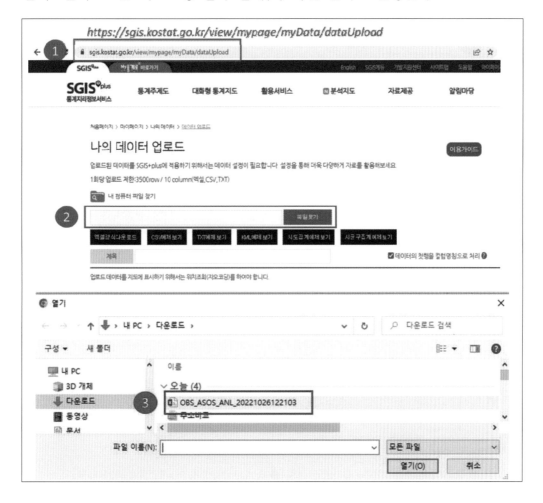

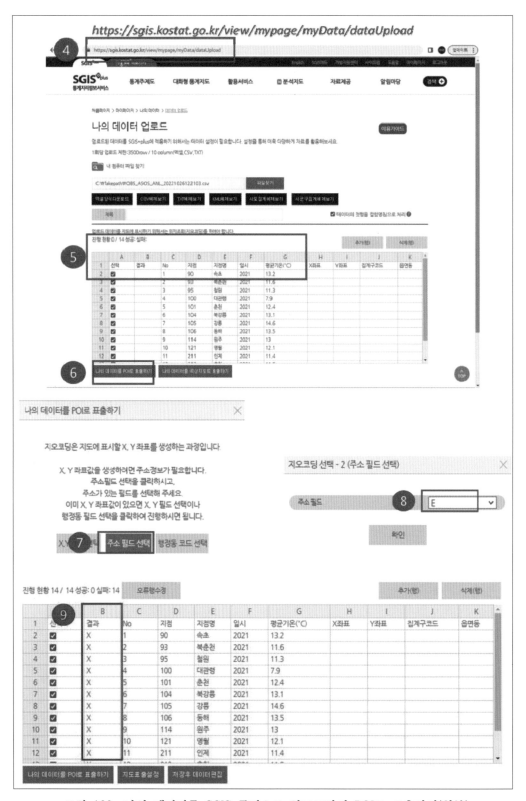

<그림 100> 나의 데이터를 SGIS 플러스로 업로드하여 POI로 표출하기(원본)

다음으로, '**주소가 있는 경우**'의 예이다. SGIS 플러스에 업로드 할 데이터 파일에 ① 주소 추가 → ②, ③, ④, ⑤ 나의 파일 업로드 → ⑥ '나의 데이터를 POI로 표출하기' 선택 → ⑦, ⑧ 지오코딩 결과 성공(O) 확인 → ⑨ 지도표출 설정 순서로 진행한다.

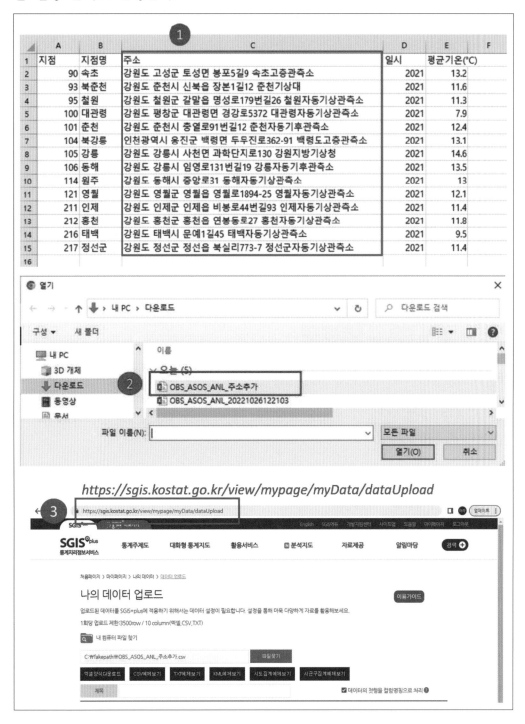

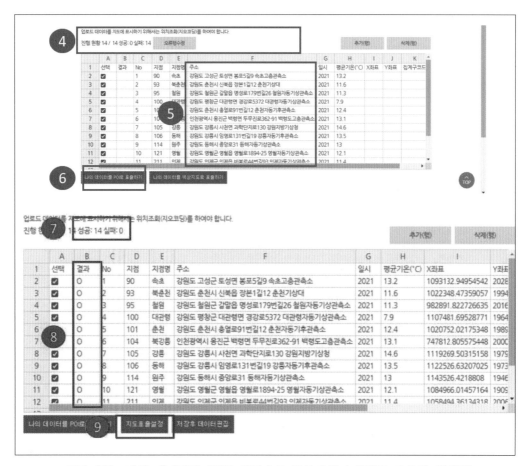

<그림 101> 나의 데이터를 SGIS 플러스로 업로드하여 POI로 표출하기(편집)

'지도표출 설정' 지도가 완성되면 나의 데이터 목록에서 저장된 통계지도를 확인하고 편집할 수 있다.

<그림 102> 나의 데이터 목록

작성된 지도에 대해서 ① 표출 데이터 설정, ② 툴팁 표출 설정, ③ 데이터 시각화 적용 유형을 선택할 수 있다. 다음 그림은 초기 화면이다.

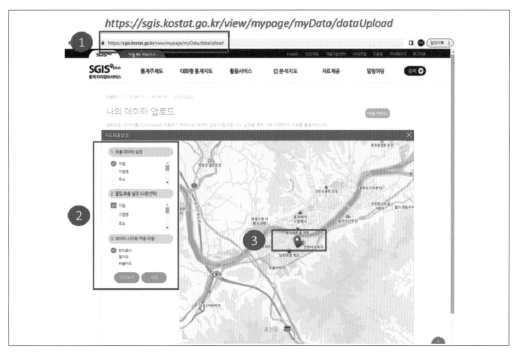

<그림 103> 대화형 통계지도 데이터 시각화 적용 유형(위치표시)

데이터 시각화 적용 유형에서 '위치표시' 대신 '열지도'를 선택하면 다음과 같이 지도가 변경된다.

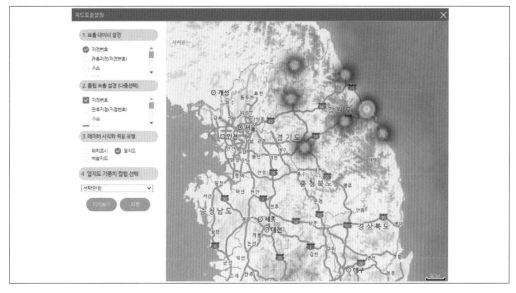

<그림 104> 대화형 통계지도 데이터 시각화 적용 유형(열지도)

9

공공데이터포털 이용하기

9. 공공데이터포털 이용하기

공공데이터포털[7]은 공공기관[8]이 생성 또는 취득한 데이터를 한곳에 모아서 관리하고 국민에게 제공하는 공공데이터[9] 통합 서비스 창구이다.

https://www.data.go.kr/

<그림 105> 공공데이터포털 웹 사이트 시작 페이지 화면 구성

---

7) '공공데이터포털'은 행정안전부에서 운영하는 공공데이터 통합제공 시스템
8) '공공기관'이란 정부의 출연·출자 또는 정부의 재정지원 등으로 설립·운영되는 기관으로서 공공기관의 운영에 관한 법률 제4조 1항 각호의 요건에 해당하여 기획재정부장관이 지정한 기관
9) '공공데이터'란 국가에서 보유하고 있는 다양한 데이터를 '공공데이터의 제공 및 이용 활성화에 관한 법률(제11956호)'에 따라 개방한 데이터

2022년 11월 14일 기준, 데이터 개방 기관 수는 1,000개이고, 파일데이터 건수는 55,534건이다. **공공데이터포털**에서 제공하지 않는 **공공데이터**의 경우, 신청서 접수 후 10일 이내에 제공 여부를 심의, 결정, 통보하는 제도가 있다.

공공데이터포털은 파일데이터, 오픈API, 시각화 등 다양한 방식으로 데이터를 제공하고 있다. **데이터찾기**의 서브 메뉴인 **데이터목록** 검색 창에 **데이터명** 입력을 통해 필요한 공공데이터를 빠르고 정확하게 찾을 수 있다.

① '**공공데이터포털**' 웹 사이트 시작 페이지 접속

https://www.data.go.kr

→ ② 상단 메뉴바에서 '**데이터찾기**' 선택

→ ③ 데이터찾기 메뉴바에서 '**데이터목록**' 선택

→ ④ 데이터목록 페이지로 이동

https://www.data.go.kr/tcs/dss/selectDataSetList.do

→ ⑤ 데이터목록 검색 창 '어떤 공공데이터를 찾으시나요?' 자리에

필요한 '**데이터명**' 입력

<그림 106> 공공데이터포털 데이터찾기 → 데이터목록 검색 창

공공데이터포털을 이용하여 '**기후평년값**'을 찾는 방법은 다음과 같다.

① 데이터목록 검색 창에 '**기후평년값**' 입력

→ ② 파일데이터 목록에서 필요한 데이터 선택, '**바로가기**' 클릭

<그림 107> 공공데이터포털 제공 기후평년값 데이터목록

파일목록에서 기상청 기후평년값 바로가기를 클릭하면 **기상자료개방포털** 기후통계분석 우리나라 기후평년값 제공 화면으로 이동한다.

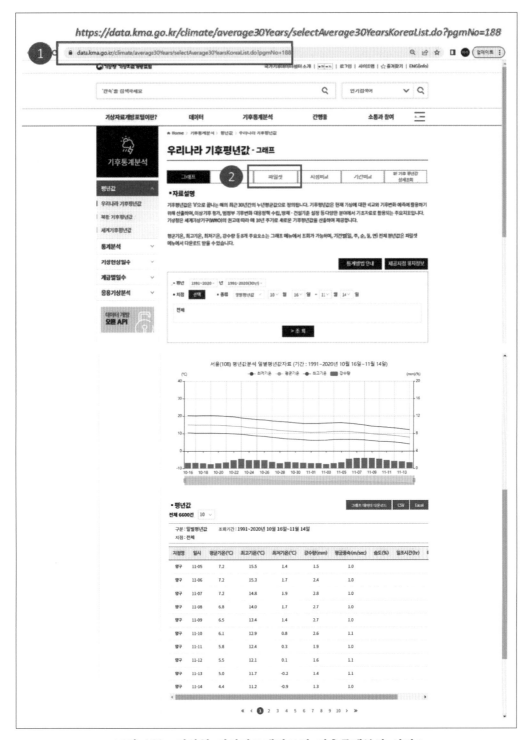

<그림 108> 기상청 기상자료개방포털 기후통계분석 서비스

기후평년값은 현재 기상과 비교하거나 기후변화를 예측하는 데 활용하기 위해 산출한다. 기후평년값은 이상기후 평가, 범정부 기후변화 대응정책 수립, 방재·건설기준 설정 등 다양한 분야에서 기초자료로 활용되는 주요지표이다. 기후평년값이 제공되는 평균기온(℃), 최고기온(℃), 최저기온(℃), 강수량(mm), 평균풍속(m/sec), 습도(%), 일조시간(hr), 해면기압(hPa)은 그래프 메뉴에서 직접 조회가 가능하다.

기상청 기상자료개방포털의 우리나라 기후평년값 제공 화면에서 파일셋을 선택하면 기후평년값 파일을 선택하고 다운로드 할 수 있는 창이 나타난다.

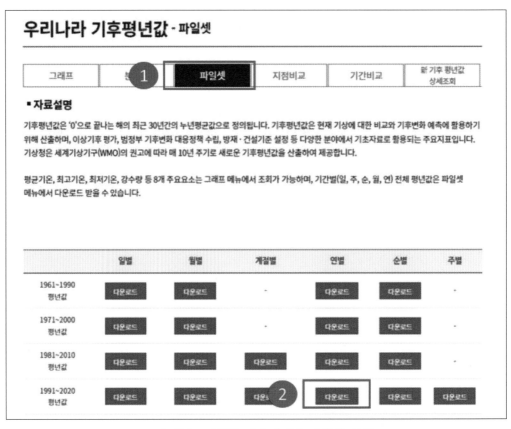

<그림 109> 기상청 기후평년값 파일셋 구성

일별/월별/계절별/연별/순별/주별로 구분하여 현재 사용되고 있는 30년 (1991~2020) 기후평년값 파일셋을 다운로드 할 수 있다. 기상청은 10년 주기로 새로운 기후평년값을 산출하여 제공하고 있다. 과거 10년 주기(1991~2000, 2001~2010, 2011~2020)로 '0'으로 끝나는 해의 직전 30년간의 누년평균값으로 산출하여 새로운 기후평년값으로 제공되었던 30년(1961~1990, 1971~2000, 1981~2010) 기후평년값 파일셋도 다운로드 할 수 있다.

기상청 기후평년값 파일셋의 1행에는 제목 '연별 기후평년값(1991~2020)'이 입력되어 있고, 3행~4행에는 총 11개의 요소명이 있으며, 5행~223행에는 219개 지점의 기후평년값이 있다. 통계청 SGIS 플러스를 이용하여 통계지도를 만들려면 기상청이 제공한 원본 파일셋을 그대로 사용해서는 안 된다. 다음과 같은 조건을 만족하도록 편집해서 사용하면 된다.

① 1행에는 열을 대표하는 이름 표기(제목 행 삭제, 요소명 행 하나로 통합)

② 열의 개수를 10개 이하로 축소(통계지도 만들기 대상 요소만 선택)

③ 지점 주소(읍면동) 포함(지점의 법정동 또는 행정동 주소 열 추가)

<그림 110> SGI 플러스를 이용하기 위한 파일셋 편집 사례(위: 원본, 아래: 편집)

부록

부록 A. 우리나라 기상기후 데이터 제공 사이트

○ 기상청 기상자료개방포털

   https://data.kma.go.kr/cmmn/main.do

○ 기상청 기상기후 빅데이터 분석 플랫폼 '날씨마루'

   https://bd.kma.go.kr/kma2020/svc/main.do

○ 기상청 날씨누리

   https://www.weather.go.kr/w/index.do

   https://www.weather.go.kr/w/obs-climate/land/city-obs.do

○ 공공데이터 포털

   https://www.data.go.kr/

부록 B. 기상청 新기후평년값(1991~2020) 지점 주소

○ 통계청 SGIS 플러스를 이용하여 재정비한 기후평년값 지점 주소

번호	지점번호	지점명	지점주소
1	90	속초	강원도_고성군_토성면
2	95	철원	강원도_철원군_갈말읍
3	98	동두천	경기도_동두천시_불현동
4	99	파주	경기도_파주시_문산읍
5	100	대관령	강원도_평창군_대관령면
6	101	춘천	강원도_춘천시_신사우동
7	102	백령도	인천광역시_옹진군_백령면
8	105	강릉	강원도_강릉시_사천면
9	106	동해	강원도_동해시_송정동
10	108	서울	서울특별시_종로구_사직동
11	112	인천	인천광역시_중구_동인천동
12	114	원주	강원도_원주시_명륜1동
13	115	울릉도	경상북도_울릉군_울릉읍
14	119	수원	경기도_수원시 권선구_서둔동
15	121	영월	강원도_영월군_영월읍
16	127	충주	충청북도_충주시_교현·안림동
17	129	서산	충청남도_서산시_수석동
18	130	울진	경상북도_울진군_울진읍
19	131	청주	충청북도_청주시 흥덕구_복대1동
20	133	대전	대전광역시_유성구_온천2동
21	135	추풍령	충청북도_영동군_추풍령면
22	136	안동	경상북도_안동시_평화동
23	137	상주	경상북도_상주시_신흥동
24	138	포항	경상북도_포항시 남구_송도동
25	140	군산	전라북도_군산시_구암동
26	152	울산	울산광역시_중구_약사동
27	155	창원	경상남도_창원시 마산합포구_가포동
28	156	광주	광주광역시_북구_운암2동
29	159	부산	부산광역시_중구_대청동
30	162	통영	경상남도_통영시_정량동
31	165	목포	전라남도_목포시_연산동
32	168	여수	전라남도_여수시_중앙동
33	169	흑산도	전라남도_신안군_흑산면
34	170	완도	전라남도_완도군_군외면
35	172	고창	전라북도_고창군_대산면
36	184	제주	제주특별자치도_제주시_일도1동
37	185	고산	제주특별자치도_제주시_한경면
38	188	성산	제주특별자치도_서귀포시_성산읍
39	189	서귀포	제주특별자치도_서귀포시_정방동
40	192	진주	경상남도_진주시_판문동

번호	지점번호	지점명	지점주소
41	201	강화	인천광역시_강화군_불은면
42	202	양평	경기도_양평군_양평읍
43	203	이천	경기도_이천시_부발읍
44	211	인제	강원도_인제군_인제읍
45	212	홍천	강원도_홍천군_홍천읍
46	216	태백	강원도_태백시_황지동
47	217	정선군	강원도_정선군_정선읍
48	221	제천	충청북도_제천시_용두동
49	226	보은	충청북도_보은군_보은읍
50	232	천안	충청남도_천안시_동남구_신방동
51	235	보령	충청남도_보령시_대천5동
52	236	부여	충청남도_부여군_부여읍
53	238	금산	충청남도_금산군_금산읍
54	243	부안	전라북도_부안군_행안면
55	244	임실	전라북도_임실군_임실읍
56	245	정읍	전라북도_정읍시_상교동
57	247	남원	전라북도_남원시_도통동
58	248	장수	전라북도_장수군_장수읍
59	252	영광군	전라남도_영광군_군서면
60	253	김해시	경상남도_김해시_부원동
61	254	순창군	전라북도_순창군_순창읍
62	257	양산시	경상남도_양산시_동면
63	259	강진군	전라남도_강진군_강진읍
64	260	장흥	전라남도_장흥군_장흥읍
65	261	해남	전라남도_해남군_해남읍
66	262	고흥	전라남도_고흥군_고흥읍
67	263	의령군	경상남도_의령군_의령읍
68	264	함양군	경상남도_함양군_함양읍
69	268	진도군	전라남도_진도군_진도읍
70	271	봉화	경상북도_봉화군_춘양면
71	272	영주	경상북도_영주시_풍기읍
72	273	문경	경상북도_문경시_점촌4동
73	276	청송군	경상북도_청송군_청송읍
74	277	영덕	경상북도_영덕군_영해면
75	278	의성	경상북도_의성군_의성읍
76	279	구미	경상북도_구미시_선주원남동
77	281	영천	경상북도_영천시_동부동
78	283	경주시	경상북도_경주시_황남동
79	284	거창	경상남도_거창군_거창읍
80	285	합천	경상남도_합천군_합천읍
81	288	밀양	경상남도_밀양시_내이동
82	289	산청	경상남도_산청군_산청읍
83	294	거제	경상남도_거제시_장평동
84	295	남해	경상남도_남해군_이동면
85	400	강남	서울특별시_강남구_일원2동

번호	지점번호	지점명	지점주소
86	401	서초	서울특별시_서초구_서초2동
87	402	강동	서울특별시_강동구_고덕1동
88	403	송파	서울특별시_송파구_잠실3동
89	404	강서	서울특별시_강서구_가양1동
90	405	양천	서울특별시_양천구_목1동
91	406	도봉	서울특별시_도봉구_방학3동
92	407	노원	서울특별시_노원구_월계1동
93	408	동대문	서울특별시_동대문구_전농2동
94	409	중랑	서울특별시_중랑구_면목본동
95	410	기상청	서울특별시_동작구_신대방2동
96	411	마포	서울특별시_마포구_서강동
97	412	서대문	서울특별시_서대문구_신촌동
98	413	광진	서울특별시_광진구_자양2동
99	414	성북	서울특별시_성북구_정릉3동
100	415	용산	서울특별시_용산구_이촌1동
101	416	은평	서울특별시_은평구_불광1동
102	417	금천	서울특별시_금천구_독산2동
103	419	중구	서울특별시_중구_명동
104	421	성동	서울특별시_성동구_성수1가2동
105	423	구로	서울특별시_구로구_수궁동
106	424	강북	서울특별시_강북구_수유3동
107	425	남현	서울특별시_관악구_남현동
108	433	부천	경기도_부천시_신중동
109	434	안양	경기도_안양시_동안구_부림동
110	437	광명	경기도_광명시_철산3동
111	438	군포	경기도_군포시_재궁동
112	441	김포	경기도_김포시_고촌읍
113	444	하남	경기도_하남시_신장2동
114	445	의왕	경기도_의왕시_고천동
115	504	포천	경기도_포천시_선단동
116	505	가평조종	경기도_가평군_조종면
117	510	영등포	서울특별시_영등포구_당산2동
118	512	인천연수	인천광역시_연수구_동춘1동
119	516	안성	경기도_안성시_안성2동
120	517	간성	강원도_고성군_간성읍
121	526	평창	강원도_평창군_평창읍
122	532	의정부	경기도_의정부시_송산1동
123	536	횡성	강원도_횡성군_횡성읍
124	540	고양	경기도_고양시_덕양구_창릉동
125	541	남양주	경기도_남양주시_진건읍
126	545	안산	경기도_안산시_상록구_사이동
127	546	경기광주	경기도_광주시_송정동
128	548	여주	경기도_여주시_여흥동
129	549	용인	경기도_용인시_처인구_동부동
130	550	오산	경기도_오산시_세마동

번호	지점번호	지점명	지점주소
131	551	평택	경기도_평택시_신평동
132	555	화천	강원도_화천군_하남면
133	556	양구	강원도_양구군_양구읍
134	565	시흥	경기도_시흥시_장곡동
135	569	구리	경기도_구리시_수택3동
136	570	금곡	인천광역시_서구_검단동
137	571	화성	경기도_화성시_남양읍
138	572	성남	경기도_성남시_중원구_도촌동
139	590	과천	경기도_과천시_과천동
140	595	진부령	강원도_고성군_간성읍
141	598	양주	경기도_양주시_광적면
142	601	단양	충청북도_단양군_단양읍
143	602	진천	충청북도_진천군_진천읍
144	603	괴산	충청북도_괴산군_괴산읍
145	604	옥천	충청북도_옥천군_옥천읍
146	608	홍북	충청남도_홍성군_구항면
147	611	세종연서	세종특별자치시_세종시_연서면
148	612	공주	충청남도_공주시_월송동
149	614	서천	충청남도_서천군_마서면
150	615	논산	충청남도_논산시_취암동
151	616	당진	충청남도_당진시_당진2동
152	618	청양	충청남도_청양군_청양읍
153	619	음성	충청북도_음성군_음성읍
154	623	증평	충청북도_증평군_증평읍
155	627	태안	충청남도_태안군_태안읍
156	628	예산	충청남도_예산군_신암면
157	634	아산	충청남도_아산시_인주면
158	636	계룡	충청남도_계룡시_신도안면
159	642	문화	대전광역시_중구_산성동
160	643	세천	대전광역시_동구_대청동
161	648	장동	대전광역시_대덕구_회덕동
162	649	부평	인천광역시_부평구_일신동
163	652	연천청산	경기도_연천군_청산면
164	670	양양	강원도_양양군_양양읍
165	674	사북	강원도_정선군_사북읍
166	699	무안	전라남도_무안군_무안읍
167	701	무주	전라북도_무주군_무주읍
168	702	익산	전라북도_익산시_팔봉동
169	703	진안	전라북도_진안군_진안읍
170	706	담양	전라남도_담양군_담양읍
171	708	광산	광주광역시_광산구_평동
172	709	구례	전라남도_구례군_마산면
173	710	나주	전라남도_나주시_금천면
174	712	순천시	전라남도_순천시_해룡면
175	713	광양읍	전라남도_광양시_광양읍

번호	지점번호	지점명	지점주소
176	722	조선대	광주광역시_동구_학동
177	723	거문도	전라남도_여수시_삼산면
178	724	추자도	제주특별자치도_제주시_추자면
179	730	장성	전라남도_장성군_황룡면
180	731	영암	전라남도_영암군_영암읍
181	732	보성	전라남도_보성군_보성읍
182	734	완주	전라북도_완주군_고산면
183	737	김제	전라북도_김제시_신풍동
184	741	화순	전라남도_화순군_화순읍
185	754	함평	전라남도_함평군_함평읍
186	768	곡성	전라남도_곡성군_곡성읍
187	782	성판악	제주특별자치도_제주시_조천읍
188	788	풍암	광주광역시_서구_풍암동
189	789	압해도	전라남도_신안군_안좌면
190	801	영양	경상북도_영양군_영양읍
191	810	성주	경상북도_성주군_성주읍
192	812	고령	경상북도_고령군_대가야읍
193	813	청도	경상북도_청도군_화양읍
194	815	예천	경상북도_예천군_예천읍
195	822	김천	경상북도_김천시_구성면
196	823	군위	경상북도_군위군_군위읍
197	825	칠곡	경상북도_칠곡군_약목면
198	827	경산	경상북도_경산시_중앙동
199	828	달성	대구광역시_달성군_현풍읍
200	846	대구서구	대구광역시_서구_상중이동
201	860	대구	대구광역시_동구_신암1동
202	864	전주	전라북도_전주시 완산구_노송동
203	876	삼척	강원도_삼척시_교동
204	901	울기	울산광역시_동구_일산동
205	907	삼천포	경상남도_사천시_동서동
206	910	영도	부산광역시_영도구_동삼2동
207	918	고성	경상남도_고성군_고성읍
208	919	창녕	경상남도_창녕군_대지면
209	920	함안	경상남도_함안군_가야읍
210	921	가덕도	부산광역시_강서구_가덕도동
211	923	기장	부산광역시_기장군_일광면
212	924	간절곶	울산광역시_울주군_서생면
213	932	하동	경상남도_하동군_하동읍
214	937	해운대	부산광역시_해운대구_우1동
215	938	부산진	부산광역시_부산진구_개금3동
216	940	동래	부산광역시_동래구_복산동
217	941	북구	부산광역시_북구_덕천2동
218	942	부산남구	부산광역시_남구_대연3동
219	949	정자	울산광역시_북구_강동동

○ SGIS 플러스 대화형 통계지도로 분석한 기후평년값 지점 분포도

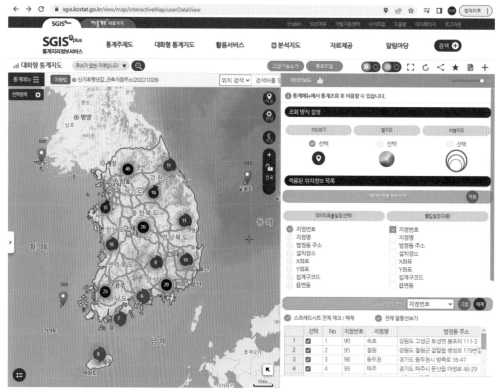

<기본 보기>

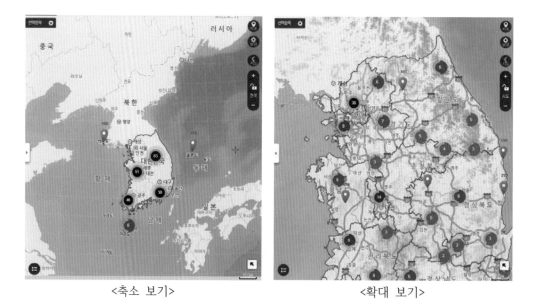

<축소 보기>   <확대 보기>

부록 C. 세계기상기구(WMO) 회원국 기후평년값

○ WMO 웹 사이트 시작 페이지(*https://public.wmo.int/en*)

- 2022년 11월 기준, 회원국 수는 193개이고 6개 지역으로 나뉘어 있음

- 우리나라는 지역 II에 포함되어 있음(지역 I: 아프리카, 지역 II: 아시아, 지역 III: 남아메리카, 지역 IV: 북아메리카/중앙아메리카, 지역 V: 남/서태평양, 지역 VI: 유럽)

○ WMO 웹 사이트 기후평년값(Climatological Normals) 데이터 조회 결과

- 2022년 11월 16일 기준, 총 1,132건이 있음

○ WMO 기후평년값(Climatological Normals) 제공 페이지

- 회원국 기후평년값(1991~2020)은 수집 중, 2022년 12월 31일에 종료 예정

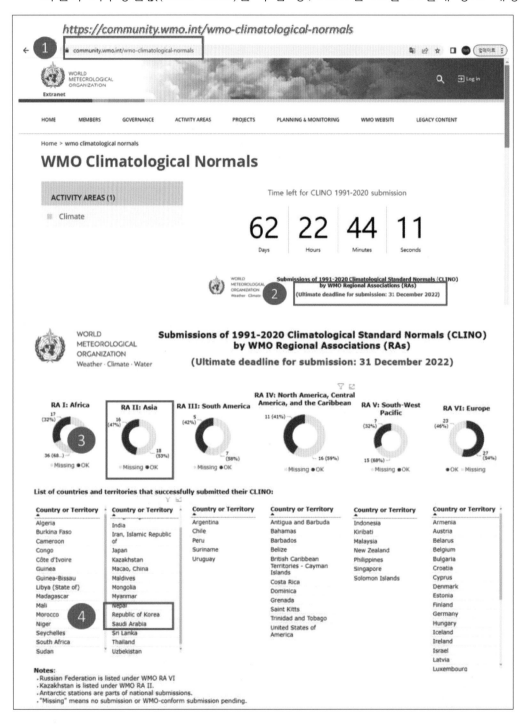

○ WMO 기후서비스 대시보드 및 데이터 카탈로그 제공 페이지

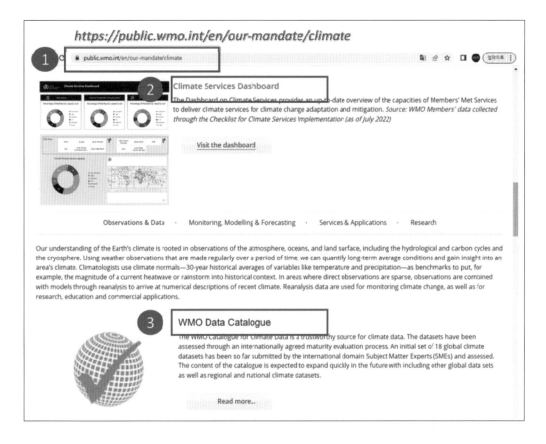

○ WMO 회원국의 기후서비스 역량 비교

 - 우리나라 기상청의 기후서비스 역량은 상위 9%에 포함되는 최고 수준임

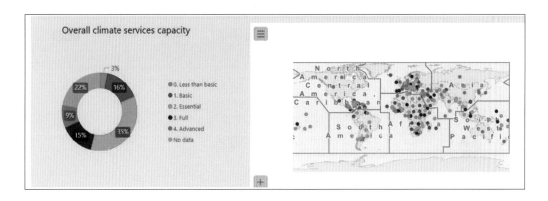

부록 D. 통계청 SGIS 활용 우수사례 공모전

○ 'SGIS 활용 우수사례 공모전'은 2022년까지 총 4회 개최되었음

○ 공모전 당선작은 SGIS 플러스의 '**통계갤러리**'에서 확인할 수 있음

https://sgis.kostat.go.kr/view/gallery/resultGallery

○ 통계갤러리 검색창에 '**우수사례**'를 입력하면 총 31건을 확인할 수 있음

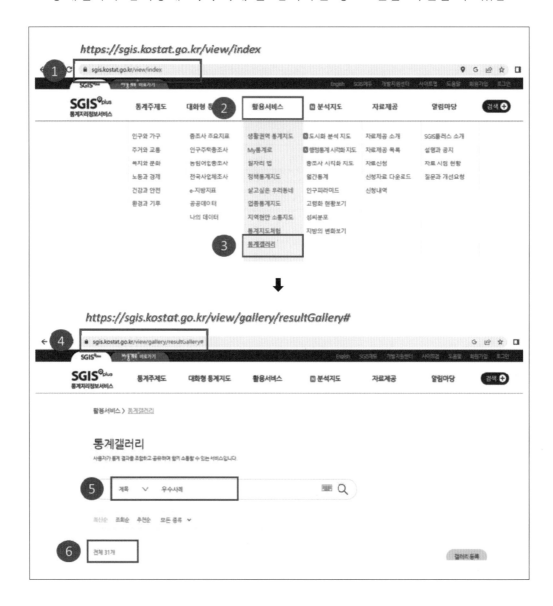

○ 저자는 2022년 공모전에서 최우수상을 수상함(최우수상 1점, 우수상 5점, 장려상 2점 선정)

○ 2022년에 개최된 제4회 SGIS 활용 우수사례 공모전 내용은 다음과 같음

공모주제

디지털 콘텐츠 [동영상]
┃주제 ❶ - SGIS를 담다 - Play On SGIS

활용사례 [보고서]
┃주제 ❷ - SGIS를 활용한 공공 및 민간분야의 다양한 활용사례
┃주제 ❸ - 초·중·고교 수업에서 SGIS 에듀를 활용한 사례

공모기간

▶ 2022. 9. 5. (월) ~ 10. 28. (금)

참가자격

▶ 공공기관, 민간기관, 교육·연구기관 및 개인(누구나 응모 가능)

신청방법

▶ 신청서 및 작품은 이메일로 제출(itsmese@korea.kr)
※ 접수 마감 시는 당일 자정까지이며 제출된 서류는 반환하지 않음

신청서 다운로드 ⬇

1	우수사례 접수 9.5.(월)~10.28.(금)	온라인 접수 (이메일로 제출)
2	1차 심사 11.7.(월)~11.18.(금)	국민 참여 온라인 심사(40%) / 전문가 평가(60%)
3	2차 발표심사 12.2.(금)	사례발표 및 심사
4	우수사례 포상 (12월)	최종발표 및 시상 (SGIS 포털 게재)

※ 심사일정은 사정에 따라 일부 변경 될 수 있음

시상내역   총 13점 (최우수 2점, 우수 5점, 장려 6점)

부문	공모주제	시상내역		시상수	비고
		등급	금액(만원)		
디지털 콘텐츠	주제 ① SGIS를담다 - Play On SGIS	최우수	100	1	
		우수	50	2	
		장려	20	2	
활용 사례	주제 ② SGIS를 활용한 공공 및 민간분야의 다양한사례	최우수	70	1	*시상금은 상품권 지급 예정
		우수	50	3	
	주제 ③ 초중고교수업에서SGIS에듀를 활용한 사례	장려	10	4	

※ 시상 일정은 수상자 별도 통보 예정

유의사항

▶ 단체 또는 개인 참여 가능, 단체 수상시 대표 1인에게 상장과 시상금(상품권) 수여

▶ 복수 응모 가능하나 수상은 단체(개인)당 1개 출품작에 한함

▶ 작품의 완성도 및 심사결과에 따라 시상내역 등은 조정될 수 있음

▶ SGIS 활용 우수사례 기 당선작 제외

▶ 수상작은 통계청의 기준에 따라 수정하여 사용 가능하고 SGIS 홈페이지 등에 게재됨

- ▶ 출품작의 표절이나 도용 등과 관련된 분쟁 발생시 책임은 출품자에게 귀속됨
- ▶ 표절시비가 발생할 경우 심사에서 제외되며, 입상 발표 후 확인 될 경우에는 수상 취소 및 시상내역 환수
- ▶ 디지털 콘텐츠 부문(주제 ① - 5작품)의 경우 1차 서면심사에서 시상등급을 결정 (2차 발표심사 미진행)
- ▶ 2차 발표심사는 1차 심사에서 선정된 작품(주제②,③ - 8작품)의 수상등급을 결정하기 위한 심사임
- ▶ 자세한 내용은 첨부문서 참고

문의처

- ▶ 통계청 공간정보서비스과(전화: 042-481-2342, E-mail: itsmese@korea.kr)